Beinahe beste Freunde.
Alexander von Humboldt und Johann Wolfgang von Goethe

Dieter Strauss

Beinahe beste Freunde. Alexander von Humboldt und Johann Wolfgang von Goethe

PETER LANG

Bibliografische Information der Deutschen Nationalbibliothek
Die Deutsche Nationalbibliothek verzeichnet diese Publikation
in der Deutschen Nationalbibliografie; detaillierte bibliografische
Daten sind im Internet über http://dnb.d-nb.de abrufbar.

Umschlagabbildungen:

Links: Johann Wolfgang von Goethe, Öl auf Leinwand
von Joseph Karl Stieler, 1828. Quelle: © bpk / Bayerische
Staatsgemäldesammlungen, Sammlung Neue Pinakothek

Rechts: Joseph Karl Stieler, Alexander von Humboldt, 1843.
Quelle: Stiftung Preußische Schlösser und Gärten Berlin/
Brandenburg/Bildarchiv GKI 4060, Fotoinventar. F0014394,
Fotograf Gerhard Murza

ISBN 978-3-631-83426-8 (Print)
E-ISBN 978-3-631-83742-9 (E-PDF)
E-ISBN 978-3-631-83743-6 (EPUB)
E-ISBN 978-3-631-83744-3 (MOBI)
DOI 10.3726/b17672

© Peter Lang GmbH
Internationaler Verlag der Wissenschaften
Berlin 2021
Alle Rechte vorbehalten.

Peter Lang – Berlin · Bern · Bruxelles · New York ·
Oxford · Warszawa · Wien

Diese Publikation wurde begutachtet.

www.peterlang.com

Inhaltsverzeichnis

Vorwort
Das Buch soll „anmutig und unterhaltsam sein und etwas denken machen"

Ein Zitat, mit dem Goethe seinen „Faust I und II" beschrieb. Ob er das geschafft hat, zu informieren und zu amüsieren? Eine Frage, bei der die Mehrzahl von uns ihre Schulerfahrungen ganz sicher vergessen muss!

Die Protagonisten dieser Arbeit Johann Wolfgang von Goethe und Alexander von Humboldt haben wirklich die Reisen, auch die erwähnten Gedanken-Reisen, gemacht, über die berichtet wird. Ihre beschriebenen Meinungen zu allen angeschnittenen Themen wie der Evolutionstheorie und dem Christentum, dem Vulkanismus-Neptunismus-Streit, der Rolle der Kunst in der Wissenschaft, dem menschengemachten Klimawandel, dem Kolonialismus und der Sklaverei, der Demokratie und der Monarchie oder der Beeinflussung von Goethes Werken durch sein Südamerika-Fieber entsprechen ebenfalls ihren tatsächlichen Auffassungen. Die geschilderten belustigenden Anekdoten haben Beide tatsächlich so erlebt.

Das „was" ist also wahr, nur das „wie", die literarische Form, stammt vom Autor. Ob das angeschnittene Thema in einen Dialog, in einen inneren Monolog, in einen Brief oder in einen Bericht gegossen wird, hängt vom Erzähler ab. Dabei entspricht selbst die Chronologie der Ereignisse der Realität. Das jeweils angesprochene Problem wurde von den Protagonisten zu dem angegebenen Zeitpunkt wirklich so gesehen.

Es handelt sich also um Humboldt und nicht um „Humbug", um Goethe und nicht um „Autorennöte"! Es geht weniger um „Dichtung und Wahrheit", als um „Wahrheit und Dichtung". Dabei stecken nur Tatsachen in der gewählten fiktiven Form. Ein Buch zwischen den Stühlen also, das nicht nach vorgegebenen literarischen Genres schielt.

Ein „Halbroman", so würde Goethe diesen Versuch nennen. Aber es ist keine halbe Sache, sondern eine Erzählform, die informieren *und* unterhalten will. Auch darin weiß ich mich mit den beiden Protagonisten einig. Goethe war der schmalbrüstige Professorenstil ebenso verhasst wie Alexander von Humboldt, der die professorale Schreibweise treffend als „Stockprügel" bezeichnete, die er unbedingt vermeiden wolle. Deshalb auch die „lyrischen Passagen" in seinen Werken.

Dieser „biografische Roman" ist kein von der Fußnotenpolizei kontrolliertes wissenschaftliches Werk, aber doch ein wahres und hoffentlich verständliches und amüsantes Buch, das den Blick schärft.

Die „kleine Akademie" Goethes, Schillers und der Humboldt-Brüder in Jena 1794–1797

„Alexander nötigt uns zur Naturwissenschaft"

„Oh Weimar! Dir fiel ein besonder Los:
Wie Bethlehem in Juda, klein und groß!
Bald wegen Geist und Witz beruft dich weit
Europäens Mund, bald wegen Albernheit"

So lauten die für Weimar wichtigsten Zeilen aus Goethes Eloge, die er 1782 seinem Bühnenbildner am Hoftheater Martin Mieding bei dessen Tod widmete. Eine Huldigung an Weimar, eine Stadt der Gegensätze:

„Der stille Weise schaut und sieht geschwind,
Wie zwei Extreme nah verschwistert sind".

Ein englischer Goethe-Biograf brachte die beiden Pole damals bei seinem Weimar-Besuch in einem Brief an seine Familie auf den Punkt: das „Ilm-Athen", das den Engländern vorschwebe, der Sitz bedeutender Dichter, Gelehrter und Künstler, sei ein seltsamer verschlafener Ort ohne Droschken, nur mit einigen Kutschen und Lastkarren. Auf den engen Straßen mit sparsamer Beleuchtung tummelten sich Schweine und Hühner und die Bewohner hätten bis zu dem Verbot im Jahre 1793 ihre Nachttöpfe auf den Gassen ausgeleert. Der übel riechende Kanal „Lotte" führe mitten durch die Stadt. Die meisten Fachwerk-Häuser aus Weidegeflecht und Lehm seien klein und einstöckig und die wenigen Bürgerhäuser wie Goethes „Frauenplan" der Hofgesellschaft und hohen Beamten vorbehalten. Die „Stadt" sei so klein, dass man zwangsläufig aufeinander pralle und die Gassen so eng, dass man sich buchstäblich in die Fenster sehen könne. Jeder fühle sich von den Nachbarn kontrolliert und die „Chronique Scandaleuse" blühe.

Für Madame de Stael war Weimar dagegen die literarische Hauptstadt, die Heimat der Denker, der Sammelplatz der Koryphäen, eben die

„République des Lettres". Eine ideale Gemeinschaft der Gelehrten fern der großen Städte und der politischen und kapriziösen Veränderungen des Alltags. Wie die Petrarcas in Arqua, Erasmus' in Basel oder Voltaires in Feerney.

Trotz Herders Warnung, dass sich Paris auf dem Gipfel des Luxus und der Perfektion befinde und wie im alten Rom bald der Niedergang beginne, übte die Weltstadt doch Faszination aus und die Hofgesellschaft verschlang Bertuchs Zeitschriften, das „Journal des Luxus und der Moden" und „London und Paris", die die jüngsten frivolen Neuheiten in Kleidung und Innen-einrichtung aus den beiden Metropolen nach Weimar brachten. Aber mit der Abbildung eines gepolsterten attraktiven Liegestuhls mit aufmontiertem Lesepult, das bei halbliegender Stellung bequemes Schmökern versprach, setzten sich die Journale auch für Lesekultur ein. Ein Impetus, sich gegen Oberflächlichkeiten und Dilettantismus für eine eigene Nationalkultur ein-zusetzen.

Im Gegensatz zu dem zwischen seiner „Residenzlerei" vieler kleinlicher Hofräte und seinen Dichtern und Denkern hin und her gerissenen Weimar war Jena für Goethe eine „Stapelstadt des Wissens", in gewisser Weise eine Lichtstadt. Die Universität erlebte damals am Ende des 18. Jahrhun-derts ihre zweite Blüte, sie war Hauptort der idealistischen Philosophie und der literarischen Romantik, schließlich lehrten dort Schiller, Fichte und Schelling, ganz abgesehen von den Gebrüdern Schlegel und ihrem illustren Kreis junger Autoren, die sich den Idealen der französischen Revolution verpflichtet fühlten. Einige Jahre später entwickelte sich diese im mittleren Saaletal zwischen Muschelkalk- und Bundsandsteinhügeln gelegene Stadt zum Zentrum des antinapoleonischen Befreiungskampfes.

Jena hatte also auch zwei Gesichter, die attraktive Universität und die bedrohlich revolutionären Tendenzen, zu denen Weimar mit seiner Einstel-lung gegen die Moderne, gegen den Nationalstaat, das Romantische und die Industrealisierung den Gegenpol bildete. Weimar war eher auf die Antike ausgerichtet und auf Italien, nicht aber auf die tagespolitischen Konflikte, für Goethe die „Gärungen des augenblicklichen Tages".

Trotzdem empfand er den Ereignisraum Weimar und Jena als „zwei Enden *einer* großen Stadt", die ohne einander nicht bestehen könnten. Es handele sich um ein Geben und Nehmen, um ein Wechselspiel zwischen dem literarischen und konservativen Weimar und dem wissenschaftlichen und liberal-nationalen Jena.

Wenn Weimar in diesem Miteinander zu sehr bedroht wurde, kamen Sanktionen ins Spiel: der die monarchische Ordnung in Frage stellende Fichte wurde zum Beispiel 1799 nach Veröffentlichung seiner Streitschrift zum Atheismus entlassen. Übrigens mit Zustimmung Goethes, für den Denkfreiheit wie für seinen Herzog Carl August streng auf Wissenschaft und Forschung beschränkt war.

Die Fahrt nach Jena war für Goethe im März 1794 besonders verlockend, da Alexander von Humboldt dort seinen älteren Bruder Wilhelm besuchte, der wiederum mit Schiller befreundet war. Aus dem Zusammentreffen dieser vier Geistesgrößen entstand dann die „kleine Jenaer Akademie", eine fruchtbare Zusammenarbeit dieses Quartetts.

– Nein, für die Fahrt von Weimar habe er sich keinen Ruck geben müssen, die neunzehn Kilometer bis Jena seien ja schnell überwunden, lächelte Goethe seinen Gastgeber Wilhelm von Humboldt an.

– Genau, die Zeiten von Georg Christoph Lichtenberg und seiner Prognose, man könne in Deutschland noch nicht mal einen Roman über einen spannenden Frauenraub schreiben, weil die Kutschen im Straßenschlamm stecken blieben, die seien endgültig vorbei ---

– Glücklicherweise, stimmte Goethe zu: -und hier könne er wirklich aufatmen, die Entfernung zu seinen Verpflichtungen am Hof sei groß genug.

– Ein wunderbares Gefühl, schmunzelte Wilhelm von Humboldt.

– Himmlisch sei es: in Jena komme er sich wirklich nicht wie in Weimar vor, das sei für ihn eher ein Verbannungsort.

– Eine Kulturwüste?

– So schlimm nicht, Weimar sei gleichzeitig klein, wenn man von der Einwohnerzahl ausgehe, und groß vor dem Hintergrund seiner Förderung der Künste, er solle nur an das Hoftheater, die herzogliche Bibliothek oder die Malschule denken.

– Dann sei seine Selbstcharakterisierung als „nordischer Bär im Grönland Weimar" ja wohl leicht übertrieben, feixte Humboldt.

– Ganz sicher, er habe dabei auch mehr auf seine belastenden viel zu zeitraubenden Weimarer Ämter anspielen wollen.

- Ob der Herzog die Pläne zur Neugestaltung des botanischen Gartens bereits bewilligt habe, dafür interessierte sich Wilhelm v. Humboldt wegen seines Bruders besonders.
- Zum Glück, man könne bald beginnen, auch über die Pläne für die Mineraliensammlung, die Sternwarte und die Universitätsbibliothek habe man schon gesprochen.
- Das werde Alexander gerne hören, der komme ihn auch morgen in seinem Inspektorenhaus besuchen.

Das war Goethes Domizil in Jena im botanischen Garten, eine schlichte einstöckige nicht unromantische Hofanlage aus Fachwerkgebäuden, die einen verträumten Innenhof mit Rosenstöcken an den Hauswänden bildeten. Das Dach war großzügig mit Gauben und geräumigeren Giebeln mit bis zu drei gar nicht so kleinen Fenstern ausgebaut. Der alte Ginkobaum vor dem Haus gab sicher dem Ganzen einen geheimnisvollen Anstrich, stammte er doch aus Ostasien und wurde dort als heiliger Kraft spendender Baum verehrt. Für Goethe wurde er in seinem Gedicht „Gingo Biloba" zum Symbol der Freundschaft. Hier wohnte er öfter während seiner Jenaer-Aufenthalte, wenn er nicht im Schloss oder im Gasthof „Schwarzer Bär" abstieg. Besonders im Schloss fand er seine Tageseinsamkeit und Ruhe zum Arbeiten. Erst kürzlich hatte er Christiane Vulpius, der jungen hübschen Frau, die er nach seiner Rückkehr aus Italien 1788 kennengelernt hatte, mit der er in Weimar zusammenwohnte und bereits ein Kind hatte, erklärt, dass er nur in absoluter Einsamkeit arbeiten könne, selbst sie und August, ihr gemeinsames Kind, lenkten ihn zu stark von seinen Dichtungen ab.

- Da müsse ihn wohl der Herzog wie Luther auf ein Bergschloss wegschließen, blödelte Christiane.
- Gute Idee, aber im Jenaer Schloss sei es still genug, wenn ihn auch gelegentlich die Tochter des Stallmeisters Seidler, dessen Fenster ja auch zum Innenhof gingen, störe, besonders ihr Dackel ---
- Belle der denn so laut?
- Und ob, neulich habe er deshalb sogar nach dem Kläffer geworfen, ohne ihn zu treffen. Kurz darauf sei er gestorben und für das Töchterchen sei er jetzt der „Dackel-Killer".
- Wie er das denn wiedergutmachen könne? wollte Christiane neugierig wissen.

– Er habe dem kleinen Mädchen neulich Zuckerstücke an einem Bindfaden aus seinem Fenster herabgelassen.

– Der kleine August könne ja auch mit ihr spielen, riet Christiane.

Alexander von Humboldt stürmte in Goethes Inspektorenhaus, in seine romantische Villa „Schweigestill".

– Es sei eine Riesenfreude, ihn kennenzulernen, begrüßte ihn Goethe freundlich.

– Er könne gar nicht sagen, wie dankbar er sei, kommen zu dürfen, strahlte Humboldt. -Er habe gehört, Goethe sei gut angekommen ---Richtig überzeugt war er bei dem Anblick Goethes nicht. Der hatte einen stark vorstehenden Embonpoint und seine ehemals großen strahlenden Augen verschwanden allmählich im Fett der Backen. Keine Spur mehr von der Apollofigur, vor ihm stand ein steifer älterer Mann. Blitzartig fiel ihm das Salongeflüster über Goethe wieder ein: der habe an Johann Kestner, seinen ehemaligen engen Freund aus Wetzlarer Tagen und damaligen Verlobten von Charlotte Buff, die Goethe auch angehimmelt habe, neulich geschrieben, er hoffe, er erkenne ihn dem Inneren nach wieder, was das Äußere angehe, sagten die Leute, er sei nach und nach dick geworden. Er lege mal eine Schnur bei, die das Maß seines Bauchumfangs wiedergebe. Doch Humboldt war einfach zu erfüllt und mitgerissen von seinen aktuellen naturwissenschaftlichen Experimenten. Das musste er einfach loswerden und es sprudelte nur so aus ihm heraus.

Der rund zwanzig Jahre ältere Goethe schien sich nicht ganz so schnell begeistern zu lassen. Er stellte sein Weinglas behutsam auf den Tisch zurück, schloss versonnen die Augen und rollte den guten Tropfen langsam und schmatzend in seinem Mund hin und her.

Ein Kenner eben, dachte Alexander von Humboldt, allerdings sei der Preis dafür hoch, denn von dem attraktiven „Wertherstürmer" in blauem Frack mit gelber Weste von einst, dem leichtsinnigen Freund des jungen Herzog Carl August, dem angeschwärmten Vorleser der Herzoginmutter Anna Amalia und dem bewunderten „Zauberer" Wielands, sei wirklich nicht mehr allzu viel übrig. Dass die Böhmischen Bäder Goethe damals im Wesentlichen als Reiseziel genügten, dass alles andere ihm zu weit und beschwerlich war, davon hatte Humboldt auch gehört.

Goethe strich sich behaglich über seinen stattlichen Bauch, den Bekannte bereits nicht ganz zu Unrecht mit den Rundungen einer Hochschwangeren verglichen hatten, und fixierte den jungen von seinen naturwissenschaftlichen Experimenten überschäumenden Humboldt:

– Er solle ihn nicht falsch verstehen, aber mit Gefühl, ja mit Phantasie müsse man die Natur doch wohl angehen, reines Messen und Berechnen, das reiche doch nicht ---
– Der Verstand sei aber eine unverzichtbare Seite der Medaille, beharrte lächelnd Humboldt, dessen sinnliche Lippen und eher femininen Gesichtszüge eigentlich einen anderen Eindruck weckten.
– Ganz sicher, ohne Frage, wenn man nur die Emotionen bei der „großen Mutter Natur" nicht vergesse. Er sei doch nicht etwa von Zahlen besessen?
– Sicher nicht, aber messen müsse man und noch mal messen, experimentieren und fragen, erhitzte sich Humboldt, beseelt von seinen Experimenten und Erfahrungen als Bergingenieur und seinem kürzlich vorgenommenen Sezieren eines vom Blitz erschlagenen Bauernpaares, bei dem die Pudenda am meisten betroffen war.
– Trotzdem, das Gefühl dürfe man aber dabei nicht vergessen, nickte Goethe mit wabbeligem Doppelkinn. – Das sei seinem Faust mehr als klar:

> „Geheimnisvoll am lichten Tag, lässt sich Natur des Schleiers nicht berauben, und was sie deinem Geist nicht offenbaren mag, das zwingst du ihr nicht ab mit Hebeln und mit Schrauben".

Ob Schiller vielleicht doch nicht so unrecht habe, Humboldt als schneidenden Verstandesmenschen abzustempeln?, fuhr es Goethe durch den Kopf. Da musste er nachhaken:

– Seine Empirie und exakten Zahlen in Ehren, ob er nicht doch der Subjektivität eine Tür öffnen wolle?
– Doch, fühlen müsse man auch, das ergänze die Beobachtung. Eine Lektion, die er schon auf seiner Naturhistorischen Rheinreise von 1789 gelernt habe, zu der ihn vor allem sein Göttinger Prof. Blumenbach motiviert habe, aber auch die entsprechende Reise von Wilhelm im Jahr 1788. Vielleicht müsse man sogar „schmecken" ---
– Schmecken? Ob er da ein Beispiel habe, staunte Goethe.

– Aber klar, bei der Bestimmung von neu entdeckten Bäumen im Ama-
zonas-Dschungel machten es ihnen die Indianer doch vor. Die würden
die verschiedene Baumarten an dem Geschmack ihrer Rinden erkennen.
„Er-fahren" müsse man auf jeden Fall die Natur und die Neue Welt. Da
sei er mit ihm einer Meinung.
– „Naturschauer", der sei auch er, stimmte Goethe freudig zu.
– Trotz allem, fasste Humboldt zusammen, – den größten Wert müsse
man doch auf genaue Beobachtung und kontrollierte Versuche legen.
Sonst laufe man Gefahr, „statt einer reellen Geschichte einen bloßen
Roman zu schreiben, dessen Windigkeit ein einziger Versuch aufdecke".
Er zitiere den Göttinger Physiker Georg Christoph Lichtenberg, bei dem
er zusammen mit Wilhelm an einem Privatissimum über Licht, Feuer
und Elektrizität teilgenommen habe.
– Der sei aber doch gerade durch seine Aphorismen bekannt, wandte
Goethe ein.
– Es gehe ja nicht darum, die Phantasie bzw. das Gefühl auszuschalten, im
Gegenteil: man müsse immer dem indikativischen „so ist es" ein hypo-
thetisches „so könnte es sein" gegenüberstellen.

Auf ging's zu dem Anatomen Hofrat Loder, bei dem sie Schiller und Wilhelm
von Humboldt trafen, der bereits seit einiger Zeit in den Augen von Alexander mit „kannibalischer Wut" geschickt und präzise Anatomie betrieb.
Loder sezierte einen Hund, der vor vierundzwanzig Stunden eine Billard-
kugel verschluckt hatte.

– Das sei ja mehr als merkwürdig, dass die Kugel bereits bis auf ein Drit-
tel verdaut sei und noch dazu eine ovale elliptische Form angenommen
habe, meinte Schiller interessiert.
– In den Mutterleib dürfe man eben nicht zurück, scherzte Wilhelm von
Humboldt.
– In den verjüngenden Uterus der Alma Mater aber doch, lächelte Goethe.
-Wie froh er sei, in ihrem Quartett wieder auf die Naturbetrachtung
zurückgeführt und aus dem Winterschlaf aufgeweckt worden zu sein.
– Und um nicht in einen Frühlingschlaf zu verfallen, beschäftige er sich
zur Zeit so sehr mit der Fauna und Flora Lateinamerikas, wagte der
junge Alexander einzuwenden.

– Da wolle er doch nicht hin? Das sei wirklich viel zu weit, außerdem gefährlich, da komme man doch nicht lebend zurück, warnte sein Bruder.

– Kein Himmel ohne Höllenritt, doch das sei seit langem sein Traum, schon auf „Schloss Langweil" in Tegel ---

– Habe da schon sein Hauslehrer Campe an seinem „Robinson und die Entdeckung von Amerika gearbeitet? wollte Schiller wissen.

– Dass sein Robinson am Orinoco strande, das habe er ihm erzählt. Ein toller Stimulus für seine Karte der Neuen Welt, die er damals mit vierzehn Jahren gezeichnet habe, erläuterte Alexander.

– Das sei genau der richtige Weg: Sich einfach nach Lateinamerika rein träumen so wie mit seiner Landkarte, das könne man doch auch, jedenfalls ihm gelinge das ständig mit Reisebeschreibungen zum Beispiel von Georg Forster, schaltete sich Goethe wieder ein.

– Dem „hellsten Stern" seiner Jugend. Forsters Buch über die Weltumseglung mit Captain Cook habe ihn auch in Südseetrunkenheit versetzt, begeisterte sich Humboldt. -Am liebsten hätte er sich wie Klopstock und andere Dichter von Cook nach Tahiti bringen lassen.

– Gegen dieses Südamerika-Fieber sei wohl nichts mehr zu machen, lenkte Goethe ein, -und er habe ja wohl auch die engen mütterlichen Fesseln nach deren Tod abgestreift ---

– Nicht nur das, er habe auch so viel Geld geerbt, dass er sich Nase, Mund und Ohren vergolden lassen könne, scherzte Humboldt. -Die Neue Welt stehe ihm jetzt offen ---

– „Was immer du tun kannst oder wovon du träumst, dozierte Goethe, -fang damit an. Mut hat Genie, Kraft und Zauber in sich".

Das ließ sich Alexander nicht zweimal sagen und hetzte zu seinen galvanischen Froschschenkelexperimenten.

– Gegen diese Lateinamerika-Sehnsucht könne man wohl wirklich nicht mehr an, seufzte Wilhelm resigniert, Alexander habe auch schon die Hochzeit mit Amalia von Imhoff, der begabten Poetin und Nichte Frau von Steins, abgeblasen.

– Der Geist der Mutter verfolge ihn scheinbar auch nicht mehr, bemerkte Schiller, -die hätte ihn Mores gelehrt ---

- Und wie, ihre Mutter sei äußerst kühl und streng gewesen, ihre Kindheit öde und freudlos, in tausendfältigen Zwängen ---
- Daher auch der Ausbruchsversuch in die Neue Welt, ergänzte Goethe.
- Richtig, hinzu komme aber die Veranlagung seines Bruders, im Gegensatz zu ihm im engen Kreis seiner Lieben und seiner Wissenschaft nicht glücklich zu sein. Er strebe schon immer in die Ferne und den Wirkungskreis klein zu machen, um groß zu werden, das sei nichts für Alexander. Feldforschung in Südamerika, das sei sein Ding.
- In die weite Welt habe ihn sicher auch Georg Forster mit seinem Nimbus des Weltumseglers gelockt, Alexander und Georg seien ja schließlich 1790 gemeinsam nach London und Paris gereist, stimmte Goethe zu.
- Gewiss, aber klar sei eigentlich schon immer gewesen, dass Alexander jede Gemächlichkeit häuslichen Lebens anekele. Das Glück im Kleinen sei nichts für ihn.
- Alexanders Fernreise werde aber schiefgehen, prophezeite Schiller. Der wolle doch nur die Welt vermessen, er sei ein viel zu beschränkter Verstandesmensch. Von der Poetisierung des Lebens durch die Gebrüder Schlegel und ihren Kreis wolle er wohl nichts wissen. Nur mit schneidendem Intellekt könne man aber die unfassliche Natur einfach nicht ergründen, was zum Gemüt spreche sei eben nicht messbar ---
- Nein, nein, mal langsam: Alexander sei dabei sich zu wandeln, er erkenne immer mehr die Rolle des Gefühls an, dass man mit alleinigem Messen nicht weiterkomme. Das habe er ihm gerade zugestanden ---
- Er bleibe dabei, beharrte Schiller kompromisslos, – Alexander werde in seiner Wissenschaft nie etwas Großes leisten, dafür sorge schon seine viel zu starke Eitelkeit.
- Ein bisschen Maulheld sei er immer schon gewesen, bedauerte Wilhelm.
- Die Reise könne ja interessant werden, aber wie werde Alexanders Beschreibung ausfallen? Da habe er doch seine Zweifel, schloss Schiller das Gespräch ab.

Bei dem nächsten Konzert auf Schloss Tiefurt, dem vier Kilometer östlich von Weimar gelegenen Sommersitz der Herzogin Anna Amalia und Treffpunkt des Weimarer Musenhofes, geriet Goethe mit Herzog Carl August kurz aneinander: der Regent hastete völlig überhitzt von seiner Jagd mit Verspätung auf seinen Platz und riss vorher noch ungeduldig ein Fenster auf. Der Durchzug störte einige Teilnehmer und Goethe schloss das Fenster wieder. Carl August reagierte unwirsch und suchte nach dem Schuldigen. Die Diener versuchten sich möglichst weit zu verdrücken, aber Goethe trat vor und wandte sich charmant mit einer Verbeugung an seinen Fürsten:

– Ew. Durchlaucht habe das Recht auf Leben und Tod sämtlicher Unter-
  tanen, über ihn ergehe Urteil und Spruch.

Der versöhnte Herzog bat ihn in eine Fensternische und überfiel ihn mit Fragen über das Treffen des Quartetts in Jena:

– Mit Schiller und den Humboldts stehe er recht gut, ihre Wege passten
  zusammen und es sehe so aus, als wenn sie eine ganze Weile miteinander
  „wandeln" würden, antwortete Goethe.
– Und worum sei es hauptsächlich gegangen?
– Um Naturwissenschaften, der dynamische Stürmer Alexander habe sie
  geradezu dazu genötigt.
– Der unterscheide sich ja wohl grundlegend von seinem älteren Bruder
  Wilhelm?
– Oh ja, Alexander sei ein wahrhaftes „Cornu Copiae", ein Füllhorn der
  Naturwissenschaften. Man könne in acht Tagen nicht aus Büchern lernen, was der in einer Stunde vortrage. Er sei einzig, er kenne niemanden,
  der so viel wisse. Von ihm, besonders von seiner geplanten Lateiname-
  rika-Expedition, sei sehr viel für die Wissenschaften, überhaupt für die
  Welt zu erwarten.
– Das klinge ja schon ganz nach Epochenbruch, orakelte Carl August,
  -und wie sei der andere, den habe man ja schon 1789 in Weimar kennengelernt.
– Dessen Schwerpunkte lägen immer noch ganz auf kulturwissenschaft-
  lichen Zusammenhängen und der Bildungsproblematik. Ein Meister in
  der Analyse von Sprachen, auch der klassischen, Kunst und Literatur.
– Praktizierten die Humboldts tatsächlich die offene Ehe, darüber werde
  doch viel gemunkelt, wollte Carl August neugierig wissen.
– Die habe er ja schon bei seinem Besuch Therese und Georg Forsters,
  der ja die zweite Weltumseglung Captain Cooks 1773–1775 mitge-
  macht habe, in Mainz vorgelebt bekommen. Ja, zu Wilhelms Konzept

der individuellen Entfaltung gehöre das dazu, übrigens scheine sich das Ehepaar darin einig zu sein.

- Ein ganz neues Orientierungsmuster für die Geschlechterverhältnisse, fasste der Herzog zusammen, -nicht ungefährlich, wenn das Schule mache. Und Schiller, wie passe der zu dem Quartett?
- Der bringe seine eigenen stockenden Ideen auf Trapp, Goethe kam jetzt richtig in Fahrt. -Sie hätten in Jena gemeinsam einen Vortrag in der „Naturforschenden Gesellschaft" gehört und seien über die zerstückelnde Art der Naturbetrachtung enttäuscht gewesen. Das habe sie zusammengeführt.
- Und die Gegensätze?
- Die habe es gegeben. Er habe ihm seine Idee der Metamorphose der Pflanzen vorgestellt und mit wenigen Federstrichen die allen Gewächsen zu Grunde liegende Urpflanze gezeichnet. Schiller habe nur den Kopf geschüttelt und gemeint, das sei keine Erfahrung, das sei eine Idee.
- Und die Kröte habe er geschluckt? griente der Herzog.
- Doch, wenn es ihm auch anfangs schwer gefallen sei. Aber dann habe er Schiller ein Stück weit abgewöhnt, vom Allgemeinen zum Individuellen zu gehen und ihn dazu gebracht, so wie er auch, vom Einzelnen zum Großen, zu Gesetzen zu kommen.
- Also sozusagen vom engen Punkt zur Weite ---
- Ja, so könne man das gut zusammenfassen. Schiller sei für ihn ein großer Berater, der regelmäßig bereit sei, seine entstehenden Werke mit ihm durchzugehen, er ziehe quasi die Uhr seiner Gedanken auf und stelle sie.
- Beinahe beste Freunde, erheiterte sich Carl August.
- Absolut, es sei eben ein Jugendfehler, wenn man meine, ein Freund müsse ein anderes „Ich" sein. Wenn man den nicht begehe, trete keine Diskrepanz mehr auf und man könne gut zusammenarbeiten.

Wehmütig dachte Goethe an seine Stellung in Weimar, die nach seiner Rückkehr aus Italien schwieriger geworden war, viele hielten ihn nicht mehr für ihren „besten Freund": da sei August Matthia, der Lehrer an Mouniers Erziehungsinstitut, doch wirklich eine große Ausnahme gewesen. Der habe auf seine Erwähnung Italiens, strahlend mit „Kennst du das Land, wo die Zitronen blühen" gekontert. Nein, Charlotte von Stein sei er eindeutig fremd geworden, sie habe ja schon nicht verstanden, dass ihm nach Italien die Aussicht in das Ilmtal nicht mehr allzu viel bedeute. Aber da stecke mehr dahinter, für Charlotte von Lengfeld habe sein Gesichtsausdruck nach seinen italienischen Abenteuern an Feinheit verloren. Kurz er sei einfach zu sinnlich geworden. Und das werde an seiner Christiane festgemacht, die sei ja auch sein kleines Eroticon, das müsse er ja zugeben. Die Weimarerinnen lehnten sie eifersüchtig ab, wohl aus Mangel an eigener Erotik, vordergründig mit ihrer einfachen „gemeinen" Herkunft. Da habe Karoline von Humboldt wirklich recht, die der Meinung sei, die Weimarer Gesellschaft plage und „verschraube" ihn zu sehr.

Aber das sei alles typisch für diese verlogene Gesellschaft, die ja auch seinen „Groß-Cophta" bei der Weimarer Premiere lauthals abgelehnt habe. Dieses Gauner- und Betrügerstück habe sie wohl zu sehr an ihre eigenen Machenschaften erinnert, vermutete er. Dass August Wilhelm Iffland, der bereits 1782 als Franz von Moor in der Erstaufführung von Schillers „Räubern" frühe Triumphe gefeiert habe und dem Schiller weiter eine glänzende Zukunft voraussage, in seiner Nähe nicht ruhig auf einem Stuhl sitzen könne und sich scheinbar nicht wohl fühle, gestand er sich ein. Das schmerzte ihn besonders.

Mit den ab 1789 und besonders 1794 nach der Berufung von Johann Gottlob Fichte, dem Revolutionssympathisanten und Vertreter der „Philosophie der Tat", immer wieder auflodernden Jenaer Studentenprotesten, wurde das Verhältnis zwischen Herzog und Dichterfürst schwieriger.

– Goethe nehme die Situation in Jena einfach viel zu leicht, beklagte sich Carl August bei seinem Geheimen Rat und späteren Minister Christian Gottlieb Voigt.
– Habe er in letzter Zeit nicht mehr regelmäßig über die Uni-Situation berichtet?
– Doch, aber er habe die Professoren, diese „Schäkers", wie er sie leichtsinnig nenne, streng zu ermahnen, stattdessen finde er diese Freigeister charmant. Er könne mit Goethe einfach nicht mehr darüber reden und müsse nun ihn, Voigt, um Hilfe bitten.
– Er wolle sein Bestes tun, aber die Situation sei ja nicht so einfach, da die Universität Jena quasi ein Staat im Staate sei und von vier Höfen abhänge, Sachsen-Weimar, Sachsen-Coburg, Sachsen-Gotha und Sachsen-Meiningen.

- Daher hielten sich die Professoren, selbst Schiller, ja auch für besonders unabhängig.
- Genau, aber vielleicht könne Goethe doch eine Brücke über seinen Schiller schlagen.

Der zog sich aber viel lieber aus den Tagesgeschäften in die Idylle seines Quattuor zurück. Mit Wilhelm von Humboldt feilte er an den Versen seines Epos „Hermann und Dorothea", einer romantischen Liebesstory in Revolutionszeiten. Schon während der Entstehung um die Jahreswende 1796/7 rührte Goethes Lesung seinen Kollegen Wieland zu Tränen. Als er auf seiner dritten Schweizer Reise 1797 in Stuttgart Station machte und vor der liberalen Kaufmannsfamilie Weckherlin-Rapp aus seinem Epos vorlas, wollten die Eltern ihre fünfjährige Tochter aus dem Zimmer schicken.

- Warum denn? fragte Goethe besänftigend, die Kleine könne gerne bleiben, er habe schließlich auch einen Sohn, der zwar etwas älter sei, aber er kenne sich in Kindern aus.

Wie recht er hatte. Das kleine Mädchen hörte lautlos und gespannt zu Füßen ihrer Mutter zu und bat Goethe nach Beendigung der Lesung:

- er möge doch bitte fortfahren, es sei so schön spannend.

Ein Triumph, den Goethe genoss, der seinen Glauben an das Werk bestärkte und ihn vielleicht – unterstützt durch Schiller- zu einem Trick bei seinen Honorarverhandlungen mit dem Verleger Vieweg bewegte:

- Wohlfeil könne er dieses bezaubernde Epos wirklich nicht anbieten, riet ihm Schiller.
- Habe er auch nicht vor. Er werde seine Honorarforderung versiegelt an Vieweg schicken. Wenn der Verleger mehr biete, müsse er nur die genannte Summe bezahlen, falls weniger, sei das Geschäft geplatzt.
- Gute Idee, applaudierte Schiller.

Vieweg bot tausend Reichstaler, die Summe, die der Dichter erwartet hatte und Goethe schrieb begeistert an seinen Kollegen Voigt:

- Jeder solle sein Handwerk ernst betreiben und das Übrige eher lustig nehmen. Seine Verse interessierten ihn mehr als das, worauf er keinen Einfluss habe.

Aber nicht nur seine Dichtungen hoben Goethe wie eine Mongolfiere über alles Irdische: er begann damals wieder mit einer Italienreise zu liebäugeln:

– Dann sei das Weimarer Theater, dessen Leiter er ja seit Januar 1791 sei, dann sei diese Bühne im A…, meinte Carl August säuerlich.
– Er denke an Schiller als Vertreter, lockte Goethe, ohne seinen Herzog zu überzeugen.

Die französische Besetzung Italiens und Napoleons Gründung der Cisalpinischen Republik im Juli 1797 zwangen ihn dann aber dazu, seine Pläne zu verschieben.

– Er wiege sich zwischen Nähe und Ferne, wandte er sich an Schiller, -zwischen großer Reise nach Italien und kleinerer nach Frankfurt und in die Schweiz. Bis dahin wolle er sich auf seinen „Faust" zurückziehen, in diese Symbol-, Ideen- und Nebelwelt.
– Ob er dabei mitdenken und ihn beraten dürfe? fragte Schiller begeistert.
– Aber ja, er solle bitte mitmachen und ihm als wahrer Prophet seine eigenen Träume deuten, schließlich solle sein Faust anmutig, ja unterhaltsam werden und etwas denken machen.
– Da scheine er ja schon wieder an die Vermarktung zu denken, sicher falle ihnen wieder so ein genialer Dreh wie bei „Hermann und Dorothea" ein, witzelte Schiller.

Goethes eigene Reisen
„Zum Erstaunen bin ich da"

Ein Nomadenleben, das werde Alexander von Humboldt wohl in Zukunft führen, darüber war sich Goethe nach ihrer gemeinsamen Jenaer Zeit völlig im Klaren. Humboldt sei so voller produktiver Unruhe, dass es ihn nirgends halte, weder an einem Ort, noch in einer wissenschaftlichen Disziplin. Er sei eigentlich nur glücklich, wenn er Neues beginne und möglichst mehrere Projekte auf einmal. Was sei das nur für ein Mann, sagte er sich, worüber man auch spreche, überall sei er zu Hause und überschütte alle mit seinem unerschöpflichen Wissen. Ihn habe er auf jeden Fall aus seinem Winterschlaf wachgerüttelt und wieder mehr für die Naturwissenschaften geöffnet, wenn auch wohl immer ein Wölkchen Poesie über seinem Scheitel schweben werde.

Goethe unterbrach seine rastlose Wanderung durch sein Studierzimmer und ließ sich erschöpft auf einen Lehnstuhl fallen. Licht ließ er in der Abenddämmerung noch nicht anzünden, er war zu aufgewühlt und wollte mit sich ins Reine kommen.

Wie ähnlich sie sich doch seien, einerseits. Er spüre ja auch noch diesen produktiven Drang zur Kreativität in sich und habe eine Blitzkarriere hingelegt. Wie der dreißigjährige Alexander, der sein Bergbaustudium in Windeseile durchlaufen habe und schnell zum Oberbergrat befördert worden sei. Risiken und Gefahren scheue er dabei allerdings weniger als er. Beide seien sie auch davon überzeugt, dass Reisen belebten und belehrten.

Und trotzdem säße er im Gegensatz zu Humboldt in Weimar fest, in einer kleinen ambivalenten Stadt, die nicht wirklich bedeutend sei, ihr ganzer Einfluss bestehe lediglich in der für ihre Größe überproportionalen Förderung der Künste und Wissenschaften, bei denen müsse man aber bereits Jena mit im Blick haben. Und darin, dass diese kleine elitäre Polis mit ihren klassischen Idealen den Gegenpol zu Großstädten, zum Nationalstaat und zum revolutionären und napoleonischen Frankreich bilde. Dabei verkenne er nicht die immer stärker werdenden Einflüsse von Bertuchs „Journal des Luxus und der Moderne", das für Wilhelm von Humboldt

den „impertinenten Pariser Modegeschmack" propagiere. Auch nicht die
liberal-nationale Aufbruchstimmung in Jena.

Es sei zwar seiner Natur gemäß, in einem kleinen Ort zu leben, das
ja, gestand Goethe sich seufzend ein, aber die Nachteile seien doch überdeutlich: einmal müsse man sich ständig selbst „auftischen", was man im
kulturellen Bereich genießen wolle und zum andern störe die Engstirnigkeit
der Hofgesellschaft. Seiner Christiane werde ja wirklich übel mitgespielt,
sie werde vollkommen geschnitten, genauso wie ihr gemeinsamer Sohn
August. Da trösteten ihn auch nicht die Anfeindungen, denen die große
Schauspielerin und Sängerin Karoline Jagemann in Weimar ausgesetzt sei,
nur weil sie mit Carl August offenbar ein engeres Verhältnis habe. Und das
bei der guten Familie, aus der sie stamme, ihr Vater sei schließlich Gelehrter
und Bibliothekar und ihr Bruder Maler.

Und ausgerechnet hier hatte sich Goethe festgefahren und das seit rund
fünfundzwanzig Jahren! Welche Reisen habe er denn schon gemacht? seufzte
er. In die böhmischen Bäder, klar, in die Schweiz dreimal, 1775, 1779 und
die dritte 1797. Und natürlich die beiden italienischen Reisen, die große
1776 – 1780 und die kürzere 1790 nach Venedig, um die Herzoginmutter
Anna Amalia von der Lagunenstadt zurück nach Weimar zu begleiten. Gut,
dann seien da noch die beiden Feldzüge gegen Frankreich 1792/3, an denen
er auf Wunsch von Carl August teilgenommen habe.

Wie deutlich konnte er sich noch an den Gotthard erinnern. Dort waren
sie ja eingeschneit und prompt ließ er seinen Gedanken freien Lauf und
durchstreifte die unpassierbare Landschaft in Gedanken. Am liebsten hätte
er sich mit einem Fesselballon in die Lüfte erhoben und die Alpen, diese
ideale Projektionsfläche für seine Lebensträume, überflogen. In Zürich
dagegen flüchtete er sich nicht in Traumwelten, als es darum ging, ein
Mädchen zu finden, das ihm als Maler Modell stehen sollte. Das machte
er sich jedenfalls damals ein Stück weit als Entschuldigung vor, um diese
„Peepshow" vor sich zu rechtfertigen. Später in der Veröffentlichung seiner
Schweizer Reisen stand er aber ohne wenn und aber dazu:

> „Ich nahm mir fest vor, es koste es was es wolle, ein Mädchen in dem Natur-
> zustande zu sehen, … meinen Augen ein Fest zu geben. … Sie fing an, sich aus-
> zukleiden, welch eine wunderliche Empfindung, da ein Stück nach dem anderen
> herabfiel, und die Natur, von der fremden Hülle entkleidet, … mir einen schauer-
> lichen Eindruck machte … Reizend war sie, indem sie sich entkleidete, schön,

herrlich schön, als das letzte Gewand fiel, … unbedeckt versuchte sie in verschiedenen Stellungen sich dem Schlafe zu übergeben, … ich konnte nur staunen und bewundern".

Christoph Martin Wieland hielt die Schweizer Reisen für ein Meisterwerk. Ob er dabei an den Züricher Striptease gedacht hat oder daran, dass sich Goethe auf der Rückreise im September 1779 bei seiner Friederike in Sesenheim und am Tage darauf bei seiner Lili in Straßburg meldete? Jedenfalls befreite er sich damit von seinen alten Schuldgefühlen: Friederike „betrug sich allerliebst" und Lili hatte „alles, was sie brauchte".

- Sein Porträt „Goethe in der Campagna" scheine ja zu gelingen, freute sich der Dichter in Rom, als ihm Johann Heinrich Wilhelm Tischbein 1886 nach Beginn ihrer Freundschaft zeigte, wie er mit seinem Bild weiterkam.
- Er habe ihn bewusst im Viertelprofil auf einem Obelisken ruhend dargestellt. Mit dem mantelartigen Umhang, dem großen breitkrempigen runden Hut und dem nachdenklichen Blick in die Ferne. Ein monumentaler Dichter eben, der über sein Leben nachdenke!
- Er sei ja ein Hellseher, nickte Goethe, -genau das tue er auch im Augenblick. Die vielen römischen Eindrücke hätten ihn schon verändert. In Italien wohnten ja wirklich schöne Körper und schöne Seelen in Eintracht unter einem Dach ---
- In Weimar seien sie dagegen durch verschiedene Stockwerke getrennt, grinste der Maler.
- Und ob. In Rom erlebe er seine Wiedergeburt, eine zweite Jugend. Er schreibe auch bereits an seiner „Erotica Romana", einer Gedichtsammlung.
- Theoretiker wolle er doch auf diesem Gebiet sicher nicht bleiben, schäkerte der Maler. Oder sitze ihm noch sein kleines Weimar mit seiner unsinnigen Hofetikette zu sehr im Nacken?
- Wenn er überhaupt mal daran denke, dann komme es ihm eher wie Grönland vor, in dem er als arktischer Bär gelebt habe, die dortige Enge sei ihm schon bewusst, gab Goethe fröstelnd zu.

Bei einem gemeinsamen Aufenthalt in Neapel ging die Freundschaft zwischen Dichter und Maler zu Ende. Gut möglich, dass die nicht erfolgte Lieferung von Gemälden an den Herzog von Gotha, die Tischbein gegen

Abb. 1: Das verfluchte zweite Kissen. Zeichnung, 1786/87, von Johann Heinrich Wilhelm Tischbein (1751–1829). Bildquellennachweis: akg-images, Bildnummer AKG81917

die Auszahlung eines durch Goethe vermittelten Stipendiums versprochen hatte, der Grund war.

Als Goethe nach seinem Neapel- und Sizilien-Aufenthalt nach Rom zurückkam, war er nicht wenig über die Karikatur „Das verfluchte zweite Kissen" von Tischbein erstaunt. Die spöttische Zeichnung zeigt einen gehetzten Goethe, der sich schnell in sein Zimmer auf dem Corso, das er von Tischbein gemietet hat, schleicht und ein zweites Kissen von seinem Bett reißt. Der Grund ist eindeutig: seine Faustina hat ihn mit einem versprochenen Rendezvous drauf gesetzt. Förderlich für seine Verbindung zu dem Maler war diese Karikatur seiner römischen Freuden nicht gerade.

Hätte er allerdings das vollendete Gemälde „Goethe in der Campagna" von Tischbein jemals gesehen, dann hätte sich ihre Entzweiung noch weiter vertieft: die anatomischen Mängel des Gemäldes, besonders das zu lange linke Bein und der linke Schuh am rechten Fuß, hätte er sicher als weiteren

Angriff verstanden. Tischbein hatte sich das unvollendete Bild 1788 nach Neapel nachschicken lassen und dort beim Einmarschieren der Franzosen in seinem Atelier zurückgelassen. Erst um 1840 wurde es der Öffentlichkeit bekannt, als es die Bankier-Familie Rothschild kaufte und nach Frankfurt brachte. Gut möglich, dass in der Zwischenzeit an dem Gemälde, das schnell zum prägenden Goethebild in Deutschland wurde, auch ein zweiter weniger begabter Maler beteiligt war und die Mängel nicht auf Boshaftigkeit, sondern auf mangelndes Talent zurückzuführen sind.

Trotz des „französischen" Einflusses, der grassierenden Syphilis, in Rom und trotz der bitteren Erkenntnis, die er während seines Malunterrichts bei der „Dichterin mit dem Pinsel", der attraktiven Angelika Kaufmann, gewann, dass sein Maltalent nicht ausreichte, empfand er Rom als Paradies und sollte sich während seines späteren Lebens nie mehr so wohl fühlen.

Schnell fand er wieder in seine Dichterrolle und schloss 1887 seinen „Egmond" ab, den niederländischen Freiheitshelden im Kampf gegen die Spanier. Eine unglaublich schwierige Arbeit, die er ohne seine römische Wiedergeburt nie gemeistert hätte.

– Wer denn hinter der Geliebten in den „Römischen Elegien", die ja früher viel treffender „Erotica Romana" geheißen hätten, stehe?

Das wollte selbst Jahre nach der Veröffentlichung in den Horen der bayrische König Ludwig I. wissen. Zu gern zitierte er – nicht nur bei seinen eigenen Römischen Eskapaden mit der Schönen Marianna Florenzi – folgende Zeilen:

> „Wünscht er von all dem Schmuck nicht schon behend sie befreit?
> Müssen nicht jene Juwelen und Spitzen, Polster und Fischbein
> Alle zusammen herab, eh die Liebliche fühlt?
> Näher haben wir das! Schon fällt dein wollenes Kleidchen,
> So wie der Freund es gelöst, faltig zum Boden hinab".

Herder dagegen erklärte die Horen aber sofort nach Erscheinen der Elegien zu „Huren". Auch Frau von Stein war nicht gerade „amused". Und das, obwohl Goethe damals die von Rom inspirierten und dort begonnen Elegien nicht vollständig publizierte, sondern die anstößige Liebesszene:

> „Uns ergötzen die Freuden des echten nackenden Amors
> Und des geschaukelten Betts lieblich knarrender Ton"

ebenso weglieβ wie die Szene, die sich mit den Ängsten um die französische Krankheit beschäftigte.

Dann sei da ja noch seine Rolle als „Feldpoet" bei der Kampagne gegen das jakobinische Frankreich 1792 und ein Jahr später bei der Belagerung von Mainz, erinnerte sich Goethe überdeutlich, die gehöre schließlich auch zu dem Reisekapitel seines Lebens. Carl August habe ihn ja dringend um seine Teilnahme gebeten, dabei sei ihm weder am Tod der Aristokraten noch der demokratischen Sünder gelegen gewesen.

Der Start zunächst an den Fleischtöpfen seiner Mutter in Frankfurt und in Mainz bei dem Weltumsegler Georg Forster sei ja wirklich eine gelungene Vorstufe gewesen. Die „Wahlverwandtschaften" zwischen den Forsters, dem schriftstellernden Legationsrat Ludwig Ferdinand Huber sowie der koketten jungen Witwe Karoline Böhmer habe er wirklich genossen. Ein mehr als „äugelndes" Quartett, das er eigentlich literarisch verarbeiten müsse. Ängstliche Vorahnungen auf den Vormarsch nach Frankreich habe er da aber auch schon gehabt, auf die unbequemen Zeltlager und die französische Knoblauchküche, die ihm so gar nicht bekomme. Da hätten ihn die breiten Betten in dem kleinen zwanzig Kilometer nordwestlich von Verdun gelegenen Örtchen Malancourt zunächst noch getäuscht. Wie dieses royale Lager Christiane gefallen hätte, die sich über ihr eigenes schmalere oft beklage, habe er ihr ja gleich geschrieben. Auch wie eifersüchtig er auf sie sei, weil er viele Männer hübscher und angenehmer finde als sich selbst. Er habe sie entsetzlich lieb und ihm gefalle keine Frau außer ihr.

Nach diesen Schwärmereien habe aber dann das kaum beschreibbare Kriegselend mit voller Wucht zugeschlagen. Sie seien ja in diesen Wochen bei anhaltendem furchtbaren Wetter buchstäblich im Schlamm und Kot erstickt, nur umgeben von Trümmern und Leichen. Der Kanonendonner, der wie das Brummen eines Kreisels und das Pfeifen von Vögeln klinge, habe kein Ende genommen. Sorge, Mangel und Not hätten ihn fest im Griff gehabt. So wie seinen Faust, fiel ihm plötzlich ein, den nach seinen Planungen die Sorge, die Schuld, der Mangel und die Not, die Schwestern des Bruders Tod, an seinem Lebensende blenden sollten. Blind sei er, Goethe, aber nicht: der Krieg sei eine Art Vortod, abscheulich! Schuldig fühle er sich allerdings nicht, dazu habe er dem ganzen Kriegsgeschehen viel zu neutral gegenüber gestanden, tröstete er sich, schließlich habe er ja auch keinen einzigen Schuss abgegeben.

Nach dem mühevollen Rückzug der deutschen Allianz aus Frankreich sei dann sein Besuch bei seinem alten Freund Fritz Jacobi auf dessen Landgut Pempelfort bei Düsseldorf, einem bekannten Treffpunkt von Geistesgrößen wie den Brüdern Humboldt, Herder oder Diderot, eine wahre Erlösung gewesen. In der Nähe dieses Philosophen, Schriftstellers und Kaufmanns habe er sich wie neugeboren empfunden und sei ihm nach den Kriegswirren wieder deutlich geworden, dass er ein Mensch sei. Und mehr, dass er ein talentierter Erzähler sei, dem beim Schildern neue Lichter aufgingen. Seine italienischen Abenteuer hätten die Jacobis fasziniert, nicht umsonst habe Leni Jacobi ihn als „wahren Zauberer" bezeichnet, erinnerte er sich zufrieden.

Dass Fritz Jacobi sich richtig darüber geärgert hatte, dass er immer der Erste sein und überall glänzen wollte, hatte er nicht mitbekommen.

In Richtung Weimar machte Goethe noch einen Abstecher nach Münster zu der gelehrten Fürstin Amalie von Gallitzin, die in Kontakt mit berühmten Zeitgenossen wie Voltaire, Diderot, Herder, Jacobi oder Schelling stand und für ihren Spaß am Disputieren bekannt war. Besonders ein Gespräch hatte sich ihm eingeprägt:

– Die erbarmungslose Welt gebe uns nichts, von da sei nichts zu erwarten, darin müsse er doch nach seinen schrecklichen Kriegserlebnissen mit ihr übereinstimmen, nickte ihm die griechisch einfach gekleidete Frau zu ---
– Ganz einverstanden, und wie reagiere sie darauf?
– Sie ziehe sich auf sich selbst zurück und sei in einem engen beschränkten Kreise um Zeit und Ewigkeit besorgt ---
– Sie sei eben eine Pendlerin zwischen Aufklärung und Katholizismus, fiel Goethe verständnisvoll ein. -Er halte sich als alter Heide eher an „Mutter Natur" ---
– Sie auch, unterbrach die Fürstin schnell, -sie versuche begeistert und mit Erfolg das rousseausche Erziehungsideal an ihren Kindern zu praktizieren ---
– Die hätten ja schon schwimmen gelernt und tollten viel im Freien umher, bemerkte Goethe und konnte jetzt ihre kurz geschnittenen Haare und flachen Schuhe besser einordnen.

- Ganz wie sie selbst, es gebe nichts Schöneres als in der Leine zu baden. Das mache sie so oft sie könne, fast immer zusammen mit einigen Herren. Die dadurch aufkommenden Lästereien der Leute kämen nicht an sie heran.
- Das sei äußerst wichtig, er habe auch eine Mauer um sich gezogen, die er immer höher baue, einen Kreis, in den außer Liebe und Freundschaft, Kunst und Wissenschaft nichts hinein könne. Trotzdem nehme er noch Stellung und sage seine Meinung laut.
- Habe er ein Beispiel?
- Ja, sein politisches Drama „Die Aufgeregten", an dem er zur Zeit arbeite. Protagonistin sei eine Gräfin, die gerade aus dem revolutionären Paris zurückgekommen sei und sich für die Rechte der Bauern einsetze.
- Er sei doch kein Anhänger der Französischen Revolution? entsetzte sich die Fürstin.
- Absolut nicht, aber auch kein Freund grundherrlicher Willkür.
- Dann spreche die Gräfin aus, was der Adel denken und tun solle?
- Genau: unrechte Aktionen vermeiden und Fehlhandlungen anprangern! Die negativen Folgen fürstlicher Unterdrückung müssten vermieden werden.
- Rüttele er in seinem Stück denn auch an den Standesgrenzen?
- Keinesfalls: jeder müsse an seinem Platz das Richtige tun. Lösungen sollten nicht durch Rebellion, sondern durch Einsicht auch der Fürsten herbeigeführt werden. Das sei jedenfalls sein politisches Glaubensbekenntnis.

Seine Ankunft in Weimar am 16.12.1792 gab dann Anlass zu einer wunderbaren Familienszene, in der Christiane, August, aber auch der Schweizer Maler und Kunstschriftsteller Heinrich Meyer, die rechte Hand Goethes in Kunstfragen, die Hauptrollen spielten, eine ersehnte Zusammenkunft, die in jedem Roman tiefste Finsternis erhellen würde, so hatte sie Goethe jedenfalls zeitlebens in Erinnerung.

Die blutrünstige Hinrichtung König Ludwig XVI. am 21. Januar 1793 ließ Goethe an dem gebildeten Nachbarvolke verzweifeln. Er erklärte die ganze Welt wieder einmal für nichtswürdig und versuchte, sich in seine Dichtungen zu retten und den Kreis um sich enger zu ziehen.

Allem voran in sein „Versepos Reineke Fuchs", dessen Tradition in das deutsche Mittelalter zurückgeht und dessen niederdeutsche Versfassung „Reynke de vos" im 16. Jahrhundert ein Bestseller war. Herder lobte Goethes Fassung Anfang April 1793 in höchsten Tönen als erste große Epopöe der Deutschen, ja aller Nationen seit Homer.

Mitte April 1793 bat Herzog Carl August seinen Freund Goethe, an der Belagerung von Mainz, dem Mittelpunkt der Mainzer Republik, teilzunehmen. Der sei ja wirklich zum Soldaten geboren, er dagegen habe sich schon gleich zu Anfang nach seiner Christiane gesehnt, seufzte Goethe im späteren Rückblick. Wie immer sei ihm damals in dramatischer Gestalt erschienen, was ihn stark innerlich beschäftige. Die Realität habe aber selbst seine Vorstellungskraft überstiegen: die durch Lebensmittelknappheit bedingte Vertreibung von Greisen, Kranken, Frauen und Kindern aus dem französisch besetzten Mainz in Richtung Kastel auf der rechten Rheinseite und ihre grausame Zurückweisung durch die Bewohner dieses Ortsteils, der nicht in französischer Hand gewesen sei. Der Zug der Verdammten sei in höchster Not zwischen den inneren und äußeren Feinden eingeschlossen gewesen und hinter ihnen nichts als die Flammen des brennenden Mainz. Die Klubbisten, die deutschen Anhänger Frankreichs, seien bei ihrem Auszug sogar verprügelt, beraubt und arretiert worden. Einen Reichen habe er ja gerade noch retten können, den die Menge vor dem Quartier Herzog Carl Augusts sonst gelyncht hätte. Unter eigener Lebensgefahr sei er dazwischengefahren und sein Ruf „Halt! Das Quartier des Herzogs von Weimar ist heilig" habe die Menge zurückgehalten.

Ach ja, sein Wiedersehen mit dem weitgehend verwüsteten und besudelten Mainzer Akademiegebäude, erinnerte er sich bekümmert, sei ja dann mehr als traurig gewesen, vor allem vor dem Hintergrund seiner zwei fröhlichen Abende, die er dort rund ein Jahr vorher mit den Forsters, Huber und Karoline Böhmer, dem famosen Quartett, verbracht habe. Der kriegerische Marsch im Moll-Ton, den die Franzosen bei ihrem freien Abzug aus Mainz angestimmt hätten, habe dann allem die Krone aufgesetzt. Er habe nie etwas Schrecklicheres gehört, Krieg und Moll schlössen sich für ihn vollkommen aus. Moll löse ähnlich wie die Farbe Blau eine weiche, sehnende Empfindung aus und stehe dem Kriegerischen diametral gegenüber. Wie verstört und zerstreut er in jener Zeit gewesen sein müsse, das beweise ja auch sein damaliger Brief an Fritz Jacobi, dem er siegesgewiss zu seiner „Farbenlehre"

verkündet habe, seine Batterien schössen eine Salve nach der anderen auf
die alte theoretische Festung Newtons ab. Goethe schloss die Augen und
fröstelte vor seiner Entgleisung in die heroisch-militärische Diktion.

Nach einigen entspannenden Augusttagen bei seinem Schwager Schlosser
in Heidelberg sei er ja dann am 23. August 1793 wieder in Weimar angekommen und habe sich noch weiter zurückgezogen.

Ein Erinnerung-Marathon über seine eigenen Reisen sei das ja gewesen,
den die Lateinamerikaexpedition Alexander von Humboldts ausgelöst habe,
lächelte Goethe in sich hinein. Sicher, er sei in seinem Alter großen Reisen
eigentlich nicht mehr gewachsen, sie lenkten ihn doch zu sehr ab, wenn
auch nicht so stark wie in seiner Jugend. Vor Dienstreisen habe er sich in
letzter Zeit ja auch öfter gedrückt, habe sich einfach zu erschöpft gefühlt.
Mehr oder weniger ausharren, das müsse er wohl in Weimar. Gut, da seien
ja noch im Sommer die Böhmischen Bäder, aber was sonst? Doch seine
Gedankenreisen, seine „Wanderjahre" in Lateinamerika, die ihn bis in die
Südsee führten, die seien ja auch ein großer Trost. Und wer wisse das schon,
vielleicht reiche es ja doch noch Mal bis Italien.

Goethes Gedankenreisen
„Man wird nicht müde Biografien und Reisebeschreibungen zu lesen"

Herzog und Dichterfürst saßen nach dem Treffen ihrer Vereinigung „Poursuivant d'amour" und dem Abschied der Gäste noch zu zweit zusammen. Der Klub hatte sich auf Anregung Goethes gebildet, um den geselligen Verkehr unkonventionell anzukurbeln. Die Spielregeln sahen Treffen mit Souper nach dem Theater vor. Jeder Teilnehmer wählte sich eine Partnerin für den Abend aus, natürlich waren politische Themen tabu. Goethe hatte sich die rund fünfundzwanzig Jahre jüngere schriftstellernde Gräfin Henriette von Egloffstein auserkoren und den Abend nach seiner Genesung von einer schweren Hals-Krankheit als Wiedereintritt in das Leben genossen.

Aus einem langen Brief Alexander von Humboldts hatten sie gerade erfahren, dass es ihm gut ging. Ihm war die Besteigung mehrerer Vulkane um Quito gelungen, nur bei dem höchsten Berg der Erde, dem Chimborazo im Juni 1802, hatte es nicht ganz bis zum Gipfel gereicht. Und sie? Waren sie in Weimar nicht viel zu angebunden? Waren aufmunternde Treffen wie heute nicht die totale Ausnahme? Und vergingen sie nicht viel zu schnell? Fragen, die sich den Beiden aufgrund der Humboldtschen Abenteuer aufdrängten und die sie nostalgisch stimmten.

- Wie frei und ungezügelt sie dagegen nach Goethes Ankunft in Weimar 1775 gewesen seien, seufzten die beiden korpulenten Herren praktisch im Chor, der dreiundfünfzigjährige Dichter und der rund acht Jahre jüngere Herzog.
- Da seien sie mit ihren Pferden über Hecken und Gräben gesprungen, da hätten sie die Nächte unter freiem Himmel verbracht, schwärmte Carl August.
- Er sei ja damals mit seinen achtzehn Lenzen so unbändig und überschäumend gewesen, dass man eigentlich nicht geglaubt habe, dass er das Herzogtum ererbt und nicht erstürmt habe, nickte Goethe.
- Eben, es sei ihre Sturm-und-Drang-Zeit gewesen.

– Eine Art „wertherisierende" Epoche, scherzte Goethe, -ob er sich noch
  an ihre Werther-Kleidung erinnere?
– Und wie und an viele andere Dummheiten, griente Carl August anzüg-
  lich. -Er erinnere sich doch sicher an seine „faustinische" Wildheit den
  jungen Frauen gegenüber?
– Und ob, seinerzeit hätten sie ja auch darüber gerätselt, warum es so
  wenig wirklich hübsche Bauernmädchen gebe, lachte Goethe.
– Wieland meine ja, das liege am übertriebenen „Kuchenfressen", sie hätten eher an die Lasten gedacht, die die jungen Frauen auf ihren Rücken
  schleppten, belustigte sich Carl August.

Damals hatte die Chemie zwischen den Beiden noch total gestimmt. Sie
gingen zusammen durch dick und dünn und halfen sich gegenseitig aus der
Tinte. So wie Freunde fürs Leben sich eben verhalten!

Wie sehr sich die Zeiten geändert hatten, wollten sie zumindest an dem
Abend nicht wahr haben. Dass ihre innige Verbindung mit den vielen Abenden in tiefem Gespräch mehr oder weniger vorbei war und eher einem
„Freundschaftskampf" glich – zwischen dem heeresstolzen Herzog und
dem literarischen Bürgergenie, der sogar von 1786 bis 1788 nach Italien
entwischt war. Dass Freundschaft harte Arbeit sein kann, das hatten sie
mittlerweile gelernt!

– Einem Dichter wie ihm helfe natürlich seine phantastische Einbildungskraft über die enge graue Realität hinweg, nahm Carl August den Faden
  wieder auf. -Ob er sich noch an seine Kontrollreisen als „Verkehrs-
  minister" durch das Herzogtum erinnere, da habe ja der Klepper, mit
  dem er seine Straßenbaustellen abgeritten habe, für ihn plötzlich Flügel
  bekommen und sei mit ihm ab und davon. Ein herrliches Bild, das übrigens von ihm stamme. Er erinnere sich doch?
– Wie könne er das vergessen? stimmte Goethe zu, -wenn er auch mittlerweile steif wie eine Drahtpuppe geworden sei.
– Und ganz schön korpulent, fügte der Herzog jovial hinzu.
– Leider, seine Fülle habe Madame de Stael sogar ihr Werther-Ideal verhagelt, bedauerte der alternde Dichter.
– Die falle ja immer mit der Tür ins Haus, darüber habe sich doch auch
  schon Schiller beklagt.

– Mehr noch: „sie habe niemals einem Mann vertraut, der nicht einmal
  in sie verliebt gewesen sei", das habe sie doch überall verkündet. Ihm
  könne sie also auf keinen Fall glauben, blödelte Goethe.
– Vielleicht doch, wenn sie zusammen eine Flasche Champagner getrunken hätten, neckte der Herzog seinen Dichter.
– Aber zurück zu ihren Phantasien: da sei doch noch die Poesie, die könne
  ihn doch auch von den irdischen Lasten befreien. Wie ein Luftballon
  hebe sie doch die Menschen in höhere Regionen und der verwirrende
  Ballast verblasse in der Vogelperspektive, knüpfte Goethe wieder an die-
  ses ihm so wichtige Thema an.
– Sicher, sicher, er setze aber mehr auf die Reiseforscher oder andere Exo-
  ten, die sie im kleinen Weimar besuchten. Und auf deren Bücher natür-
  lich!
– Das könne er gut verstehen, stimmte Goethe zu. -Das sei auch eine gute
  Möglichkeit, er habe sozusagen seine „Spione" in der Welt, die ihn mit
  Spannendem fesselten und ablenkten.
– Wer denn besonders?
– Na, einmal die beiden Humboldts, dann Graf Reinhard, der deutsch-
  stämmige französische Diplomat, der ihn ständig mit französischen
  Nachrichten versorge, Bettina von Brentano aus Frankfurt, die ihm
  so manche Anekdote über sein Mütterchen erzähle, und natürlich sein
  Freund, der Musiker Carl Friedrich Zelter, der ihm aus Berlin berichte.
– Die Berliner Neuigkeiten könnten doch nicht immer erfreulich sein,
  hakte Carl August ein.
– Nicht immer, richtig. Aber da seien ja auch noch die Reiseberichte, die
  er verschlinge, oder die Biografien und die Briefsammlungen, da lebe
  man doch mit Lebendigen. Das sei ja alles in der herzoglichen Bibliothek ausleihbar. Da könne er sofort Gedankenreisen antreten.
– Wenn er das so sehe, müsse er aber auch seine Münzsammlung nennen,
  da seien sie doch neulich bei der Betrachtung der brasilianischen Münzen zusammen nach Lateinamerika entschwebt, ergänzte der Herzog
  motiviert.
– Ja, dann sei da natürlich noch die Musik, die Verzauberung durch die
  Töne, die dürften sie auch nicht außer Acht lassen. Eine Zauberei, die
  noch zunähme, wenn man die Musik nicht nur höre, sondern auch in

Farben sehe, zum Beispiel verbinde er Moll mit der Farbe Blau, die die Menschen besonders bezaubere.

– Ihr Besuch bei Georg Forster in Kassel nach dessen Rückkehr von der zweiten Cookschen Weltumseglung zwischen 1772 und 1775 sei doch auch einer Gedankenreise nahe gekommen, Carl August kam jetzt richtig in Fahrt.

– Das sei im wahrsten Sinne des Wortes ein „Traumtripp" gewesen, erhitzte sich Goethe. -Forster habe sie zu der bildschönen barbusigen Märchen-Prinzessin Poetua mitgenommen, in diese phantastische arkadische Südsee-Landschaft.

– Da sei es ihnen fast wie den ausgehungerten Matrosen gegangen, die nach Monaten auf See wieder Frauen gesehen hätten, dazu „oben ohne" und nicht schwer zu erobern, witzelte der Herzog, der wohl dabei an seine neue Geliebte, die Schauspielerin Karoline Jagemann, dachte.

– Fabelhaft sei doch auch gewesen, dass sie inkognito gereist und Forster darauf reingefallen sei, kicherte Goethe.

– Mehr als das! Vor allem die Szene als Forster sie äußerst neugierig nach dem Dichterfürsten in Weimar gefragt ---

– Und er dann ihre wahre Identität preisgegeben und ihn, den Herzog, dem überraschten Weltumsegler vorgestellt habe, sprudelte es aus Goethe, der sich schnell ein neues Glas Wein einschüttete.

– Das „dumme" Gesicht, das der verdutzte Forscher da gemacht habe, sei schon eine Reise wert gewesen, amüsierte sich Carl August und leerte sein Glas. Goethe schenkte nach.

– Äußerst pikant sei ja auch das „Quartett" gewesen, dass die Forsters bei seinem Besuch von Mainz, Georg sei ja damals dort Bibliothekar des Erzbischofs gewesen, aufgeführt hätten. Therese Forster habe eine offene Liaison mit dem Hausfreund der Familie Ludwig Ferdinand Huber gehabt ---

– Dem Legationsrat?

– Genau. Und Forster habe wohl erst mit Caroline Böhmer und später mit seiner Assistentin Meta Forkel angebändelt.

– Sei das etwa kein Anstoß für ihn? Natürlich nur für seine literarische Phantasie, feixte Carl August.

– Doch, die Geschichte werde er seitdem einfach nicht los, die werde er bald verwenden, vielleicht für einen Roman. Wie wäre es mit dem Titel „Wahlverwandtschaften"?

– Der wäre mehr als gelungen, begeisterte sich Carl August. Sie ergänzten sich in diesem Moment wieder fast so wie in den alten glücklichen Zeiten.

– Was Forster eigentlich genau über Humboldt erzählt habe, er meine über ihre gemeinsame Reise nach London und Paris im Sommer 1790? Das sei doch auch nicht ohne gewesen, wenn er sich richtig erinnere, lästerte Goethe animiert weiter.

– So schlimm sei es auch wieder nicht, aber immerhin: Humboldt sei morgens nie aus dem Bett gekommen. Wenn er aber einmal seine Äugelein aufgehabt habe, dann sei er ein ausgezeichneter Beobachter gewesen und habe mehr gesehen als jeder, der überhaupt nicht geschlafen habe.

– Ein genauer Betrachter, der sei er zweifellos, Goethe wurde jetzt wieder ernsthafter. -Forster habe ja schon in seinem Bericht über seine Reise nach London und Paris im Jahre 1790 eine große Migrationsbewegung von Nord nach Süd, bis nach Asien und Afrika prophezeit.

– Mit welcher Begründung? wollte der Herzog wissen.

– Europa werde durch die sprunghaft zunehmende Entwaldung immer unbewohnbarer. Übrigens habe das Humboldt auch schon in seinen ersten Briefen über seine Expeditionserfahrungen für weite Landstriche Neu-Spaniens angedeutet.

– Ob es wirklich soweit komme? Carl August wiegte zweifelnd seinen Kopf. -Dankbar müsse man Forster aber auf jeden Fall für seine Aufzeichnung der bis dahin nur mündlich tradierten tahitanischen Lieder sein.

– Genau, Forster sei wirklich ein leuchtender Meteor. Wie schade es doch sei, dass es auf Grund der Kriegswirren nicht zu der vierjährigen Pazifikexpedition der Zarin gekommen sei, die 1788 mit Forster als wissenschaftlichem Leiter starten sollte.

Die Beiden waren sich vollkommen in ihrem positiven Urteil über Georg Forster einig. In dieser Nacht waren sie wieder die alten Kumpel und hatten alle Probleme, die es zwischen ihnen gab, verdrängt. Ebenso wie das Eintreten des Reiseforschers für die Ideale der französischen Revolution, in deren

Sog er ja zunächst geraten war, bis ihm die Diktatur und Willkür des Pariser Wohlfahrtsausschusses die Augen öffnete. Danton konnte Robespierre eben nicht davon überzeugen, dass man für seine Ideen nicht morden darf.

Carl August prostete Goethe etwas phlegmatisch zu, er war wohl doch schon sehr müde und blickte ihn versonnen an. Dann raffte er sich noch mal auf:

– „Warten Sie nur, wir werden uns in meinem nächsten Roman wiedersehen"! Er erinnere sich doch sicher an diesen Ausspruch Balzac's? Daher seine Frage, wieweit seien denn seine Bücher von seinem Interesse an Lateinamerika und den Weltentdeckern beeinflusst?
– Darüber habe er neulich noch mit Schiller gesprochen. Sie sähen beide die Weltumsegelungen Captain Cooks als schöne Grundlage für ein episches Gedicht an.
– Und wer werde daraus was machen, er oder Schiller? Carl August wurde jetzt wieder ganz lebhaft.
– Wisse er noch nicht, aber entsprechende Einflüsse lägen ja schon in seinem Werk vor: „Niemals tadel ich den Mann, der immer tätig und rastlos/Umgetrieben das Meer und alle Straßen der Erde kühn und emsig befährt".
– Herrmann und Dorothea, 9. Gesang, strahlte der Herzog. -Damit sei wohl Georg Forster gemeint?
– Ganz richtig. Er spiele ja auch auf ihn im 6. Gesang an ---
– Dann stehe Forster also auch hinter dem Freiheitshelden, dem Idealisten, den sein glühender Impuls für gerechtere Verhältnisse nach Paris verschlagen habe?
– Ja, aber beide, Vorbild und literarische Figur, fänden ja dabei den Tod.
– Also führten Revolutionen zu nichts Gutem? schloss Carl August befriedigt.
– Das sei eine Lesart. Man könne sich natürlich auch mit dem Freiheitskämpfer und Märtyrer identifizieren.
– Glaube er eigentlich weniger. Das Buch Herrmann und Dorothea müsse doch viel zu oft als Hochzeitsgeschenk herhalten. Dabei stehe sicher nur die idyllisch-kleinbürgerliche Liebesgeschichte zwischen dem Flüchtlingsmädchen und dem Wirtssohn im Vordergrund, meinte Carl August bedächtig.

- Klar, sonst hätte ihm der Verleger Vieweg ja auch nicht das horrend hohe Honorar über 1000 Taler gezahlt, beruhigte der Dichter seinen Landesherrn.
- In seiner „Reise der Söhne Megaprazons" beschreibe er doch die Insel der „Monarchomanen" in der Südsee als glückliches Paradies, wenn er sich richtig an seine Erzählungen über dieses Fragment erinnere?
- Das ja, aber der große Haken sei der vulkanische Ursprung der Insel, der diese in drei Teile geteilt habe, die steuerlos und allen Stürmen ausgesetzt auf dem Meer trieben, erläuterte Goethe.
- Die paradiesische Bauern-Gesellschaft der „Monarchomanen", die ihn an Jeffersons Agrarrepublik erinnere, scheitere also, das wolle er doch sagen?
- Ob ihn das bei ihm als überzeugtem Neptunisten wundere? ulkte der Dichter. Dass er manchmal in seinen Phantasien davon schwärmte, als Wilder auf einer Südseeinsel geboren zu sein, um allen gesellschaftlichen Zwang abzuschütteln, verschwieg er lieber kluger Weise.
- In den Lehrjahren dränge Jarno ungestüm danach, zusammen mit Wilhelm Meister nach Amerika auszuwandern und von da aus weltweit Kolonisierungsprojekte aufzubauen. Auf der anderen Seite kehre Lothario aus Amerika nach Hause zurück und rufe in seinem romantischen Baumgarten aus: „hier oder nirgend ist Amerika" ---
- Er habe eben eine ambivalente Haltung dazu, bekannte Goethe zögernd. Ein Grund dafür sei auch, dass die Rückkehrer häufig mit einem Stachel im Herz zurückkämen. Sie könnten die Gastländer nicht vergessen und rieben sich an der alten Heimat.
- Das habe er ja am eigenen Leib erlebt!
- Und wie. Nach seiner Rückkehr aus Italien habe man ihn für arrogant und anmaßend gehalten, auch für zu „erotisch" und er wiederum habe sich an dem engen Horizont der Daheimgebliebenen gestoßen.
- Wie gut er das verstehen könne, lächelte der Herzog müde und beendete den langen Abend.

Zurück am Frauenplan war an keinen Schlaf zu denken. Das Gespräch hatte Goethe zu sehr aufgewühlt.

„Bleiben, Gehen, Gehen Bleiben,
Sei fortan dem Tüchtigen gleich,

Wo wir nützliches betreiben
Ist der werteste Bereich"

Die Verse fügten sich wie von selbst zusammen und waren schnell notiert. Genau das sei es doch, sinnierte Goethe, was einen am Leben halte und erkläre, warum er eigentlich immer gern nach Weimar zurückgekehrt sei, trotz der Schwierigkeiten. Weimar biete aber auch viele Vorteile: da sei Christiane, die attraktive Frau, die er kurz nach seiner Italien-Zeit im Sommer 1788 kennengelernt habe. Wie gern er damals ihre rundlichen Formen und ihre Locken gezeichnet und besungen habe:

„Einst erschien sie auch mir, ein bräunliches Mädchen, die Haare
fielen ihr dunkel und reich über die Stirn herab:
kurze Locken ringelten sich ums zierliche Hälschen,
ungeflochtenes Haar krauste vom Scheitel sich auf".

Von dieser Zuneigung zu seinem Bettschatz hätten ihn auch nicht die Proteste der Frau von Stein oder der Herzogin Luise abbringen können. Gerade die habe sich ja besonders aufgeregt und sich verbeten, dass sein Kleiner „alle Tage vor ihrer Nase herumgetragen werde", lächelte der übermüdete Goethe in sich hinein. Und dann sei da natürlich die enge Freundschaft mit Schiller. Unglaublich, dass er ihn bei ihrem Kennenlernen 1788 als „unreifes Talent" gesehen und Schiller ihn wie „eine stolze Prüde, der man ein Kind machen müsse, um sie vor der Welt zu demütigen", behandelt habe. Jetzt könne keiner mehr ohne den anderen, so unterschiedlich sie seien: er eher ein Gefühls- und Schiller ein Begriffsmensch. Dass er sich immer noch leidenschaftlich zu dem Weimarer Hoftheater wie zu den jungen verführerischen Aktricen hingezogen fühle, erhöhe ebenfalls den Reiz der Stadt. Eine Schwäche habe er sich aber bei keiner der charmanten Schauspielerinnen gestattet, nicht bei Corona Schröter, mit der er ja zusammen bei der Aufführung der „Iphigenie" auf der Bühne gestanden habe und mit der er auch viel spazieren gegangen und ausgeritten sei, auch nicht bei seiner Favoritin Christiane Neumann, die ihn wegen ihrer Anmut leidenschaftlich angezogen habe und erst recht nicht bei der Jagemann, dem „Mignon" des Publikums, deren Vorzüge die Ehemänner mehr lobten als es ihren Frauen lieb sei und die ja auch mit Carl August „äugele".

Zweifellos binde ihn auch seine privilegierte Stellung am Hof und seine Beliebtheit als Vorleser und Unterhalter an Weimar. Nicht umsonst habe ihn ja Wieland als „Zauberer und Hexenmeister" bezeichnet. Und seine Zauberei funktioniere ja immer noch ganz gut, auch bei den vielen interessanten Besuchern vor allem aus dem Ausland, die ihn verehrten und anhimmelten. Nein, Goethe schloss ermattet die Augen, er könne die Mauer, die er um sich gezogen habe, ruhig noch höher bauen, er werde seine Weltsicht bestimmt nicht verlieren, schließlich habe er ja seine Gedankenreisen! Zufrieden löschte er das Licht.

Humboldts Aufbruch ins Ungewisse: Lateinamerika 1799–1804

„Die Tropen sind mein Element"

Der Tod seiner Mutter im November 1796 machte Alexander nicht betroffen, ihre schwere Krankheit hatte ihn darauf vorbereitet und ihre Erziehung war einfach zu kalt und distanziert gewesen, rechtmachen konnte er es ihr nie. Da konnte kein inniges Verhältnis entstehen, er nahm noch nicht einmal an ihrem Begräbnis teil.

Zu wollen, was er nicht könne, und zu tun, was er nicht möge, das sei nun ein für allemal vorbei, das schwor er sich: sein Weg sei nun frei. „Zwei Dinge sollten Kinder von ihren Eltern bekommen: Wurzeln und Flügel", diese Maxime Goethes fiel ihm plötzlich wieder ein. Ob er Wurzeln bekommen habe, da sei er sich nicht so sicher, Flügel, die habe er schon immer bei seinen Traumreisen auf Schloss Langweil gehabt und die würden ihn nun weit wegtragen, hoffte er.

Er kündigte seine Stelle als Oberbergrat und konzentrierte sich ganz auf die Vorbereitung seiner Lateinamerika-Expedition, auf Lernen und nochmals Lernen und auf die Ordnung des Gelernten.

Dazu gehörte die gründliche Durchforstung der Reiseliteratur wie des Berichtes Georg Forsters über seine Weltumseglung, des Orinocowerkes von Joseph Gumilla oder die Auswertung der spanischen Expedition, die 1750 an den oberen Orinoco aufgebrochen war. Dass er gewaltig arbeiten müsse, wurde ihm immer klarer. Nach den Anatomiestudien in Jena, an denen auch Goethe, teilweise sein Bruder und Schiller, eben die Jenaer Vier, teilgenommen hatten, folgten Instrumenten-Ausbildungen in Dresden und Salzburg und Klettertrainings in den Alpen, denn die südamerikanischen Vulkane warteten auf ihn.

In der weltbesten Instrumentenmetopole Paris lernte er im Frühjahr 1798 astronomische Ortsbestimmungen und den Gebrauch von Sextanten mit künstlichem Horizont. Überschäumend überfiel er seinen Bruder, der damals in Paris wohnte:

– Er könne sich bestimmt sein Glück nicht vorstellen, er sei gerade eingeladen worden, die Weltumseglung des alten und erfahrenen Kapitän
Bougainville mitzumachen.

Ein Traum, der schnell verging, weil Kapitän Bougainville durch den jüngeren Nicolas Baudin abgelöst wurde, der Humboldt zwar auch mitnehmen
wollte, aber die Expedition aus Geldmangel auf unbestimmte Zeit verschieben musste.

– Wieso er plötzlich wieder strahlen könne, wollte Wilhelm wenig später
erleichtert wissen.
– Er habe einen jungen Arzt und Biologen kennengelernt, Aimé Bonpland,
der habe schon Erfahrungen als Schiffsarzt auf dem Atlantik gesammelt,
einen ruhigen, ausgeglichenen Menschen ---
– Also das Gegenteil von ihm, unterbrach Wilhelm lachend.
– Glücklicherweise, deshalb würden sie sich auch auf seiner eigenen Expe-
dition sicher gut ergänzen ---
– Was das denn schon wieder für ein Plan sei, Wilhelm wurde ungeduldig.
– Nach dem Aufschub der Baudinschen Reise gehe er jetzt auf eigene
Faust nach Lateinamerika.
– Das könne doch nicht wahr sein ---
– Doch, er breche bald mit Bonpland auf, um Karl IV. in Madrid um die
Genehmigung und Pässe zu bitten.
– Und Bonpland, das sei wieder eine seiner üblichen Männergeschichten?
– Oh nein, der sei zwar ein guter Mensch, lasse ihn aber kalt, zumindest
bis jetzt, wischte Alexander den Einwand weg.
– Und die Ziele dieser Expedition, wie sähen die denn aus?
– „Erkennen, was die Welt im Innersten zusammenhält", scherzte Alexan-
der und spielte auf ein Faust-Zitat an, das Goethe bei ihren Jenaer-Tref-
fen zitiert hatte. – Es gehe ihm eben nicht um Gold, sondern einzig und
allein um die Untersuchung des Ineinanderwebens aller Naturkräfte,
besonders auf den Einfluss der toten Natur auf die belebte Tier- und
Pflanzenwelt.

Kurz nach ihrer Ankunft in Madrid Ende Februar 1799 erhielten Humboldt und Bonpland von König Karl IV. die ersehnte Genehmigung und die
Pässe zur Einreise in die Vizekönigtümer Neugranada (Venezuela, Ecuador,

Kolumbien) und Neuspanien (Mexiko und Teile Venezuelas). Außer sich vor Glück schrieb Humboldt sofort an seinen Bruder: er möge doch diese wunderbare Nachricht sogleich an die Presse weitergeben, er wisse doch, dass „Läuten" zu seiner Expedition und der späteren Veröffentlichung seines Reiseberichtes gehöre.

Am 5. Juni 1799 verließ die Korvette Pizarro mitten in der Nacht den Hafen Coruña im Nordosten Spaniens in Richtung Nordküste Lateinamerikas, um in der Dunkelheit die Blockade der Engländer, die mit Portugal gegen Spanien verbündet waren, zu durchbrechen.

Kein Ort, wirklich keiner erscheine ihm geeigneter, Kummer und Traurigkeit zu verbannen, schwärmte Humboldt direkt nach der Ankunft in Teneriffa seinem Bruder vor. Nach der Besteigung des Vulkans Teide am 21. Juni 1799 sprudelte es in seinem nächsten Brief nur so aus ihm heraus: Wilhelm, welch eine Empfindung auf dieser Höhe von rund 3715 Metern! Sie hätten zu ihren Füßen alles vor sich liegen gesehen: Palma, Gomera, Lanzarote, etwas im Dunst, aber doch gut sichtbar. Einfach ein unglaublicher Traum! Und oben am Kraterrand hätten die Schwefeldämpfe Löcher in ihre Kleidung gebrannt und gleichzeitig seien ihre Hände bei minus 2,5 Grad Celsius erstarrt. Die Hölle könne man sich so vorstellen, mit mehr als unerfreulichen klimatischen Bedingungen, aber als Studienobjekt eben besonders spannend. Schade, dass es sie nicht gebe.

Am nächsten Tag wurde Humboldt und Bonpland beim Überdenken der Vulkanbesteigung erst richtig deutlich, wie sich die Flora in Abhängigkeit von der Höhe und dem Klima veränderte. Die Beiden unterschieden fünf Zonen, die mit wechselnder Vegetation wie Stockwerke übereinanderlagen, das galt es jetzt genau zu beschreiben und Wilhelm für die Zeitungen mitzuteilen.

Er müsse es gestehen, schrieb er an Goethe, mit Tränen, ja wirklich mehr als traurig, reise er weiter. Teneriffa sei mit seinem wundervollen Klima und seinen exotischen Reizen grandios. Er müsse sich das vorstellen: man mäste auf dieser Trauminsel die Schweine mit Aprikosen und die Straßen wimmelten vor Kamelen. Wie gut, dass er Goethes Maxime: „Es ist nicht genug zu wollen, man muss auch tun" nicht vergessen habe, sonst hätte er sich glatt am Fuß des Pico del Teide angesiedelt. Sicher, es gebe auch Dinge, die ihn richtig störten, allen voran das adelige Feudalsystem. Wenn die Großgrundbesitzer wenigstens die brach liegenden Ländereien an die Armen abgäben, dann würde deren Auswanderung sicher abnehmen.

Wie die Narren liefen sie in Cumaná und Umgebung umher und würden bald von Sinnen kommen, wenn die Naturwunder nicht nachließen, schrieb Humboldt in seinem ersten Brief aus Lateinamerika an seinen Bruder. Er fühle bereits jetzt, dass er in dieser Region sehr glücklich sein werde. Wirklich göttlich sei das Land mit wunderbaren Pflanzen, Tieren und einer schönen kupferfarbigen Menschenrasse, den Indianern. Einundvierzig Tage nach dem Auslaufen im spanischen Coruña und zwanzig Tage nach dem Verlassen Teneriffas war die Korvette Pizarro in Cumaná im Generalkapitanat Venezuela angekommen.

Und in einem Schreiben an Goethe wurde er noch deutlicher: überall lasse die Natur ihre Stimme hören, sie spreche in vertrauten Lauten, man müsse nur bereit sein, gefühlvoll hinzuhören und sich zu öffnen, dann könne man erfassen, was zum menschlichen Gemüt spreche und sich der Messung entziehe. Wie beispielsweise die phantastischen farbigen Ringe, mit denen sich die Mondscheibe gestern umgeben habe. Er könne gar nicht sagen, wie dankbar er sei, dass Goethe ihn damals in den Jenaer Gesprächen mit „neuen Augen" ausgestattet habe.

Die modischen Tänze und Rhythmen der Schwarzen begeisterten ihn so, dass er sich in das Gewühl stürzte und einfach mitmachte. Zu verführerisch waren ihre unerschöpfliche Beweglichkeit und ihr Frohsinn. Bis er den Sklavenmarkt entdeckte. Dass die Schwarzen hier mit Kokosöl eingerieben wurden, damit ihre Körper glänzten und dann mit der Peitsche zum Tanz gezwungen wurden, war schon empörend genug. Aber die weißen Kunden umkreisten die jungen Sklavinnen sogar mit lüsternen Blicken und behandelten sie dann doch als Ware mit entsprechendem Check der Zähne und aller Körperöffnungen. Auf diese ekelerregende und haarsträubende Prozedur reagierte Humboldt prompt und kaufte drei Sklaven.

– Sie seien frei, sie könnten gehen, lächelte er die Drei an, die ihn zunächst nur verständnislos und blöd anglotzten, aber dann in Windeseile verschwanden.

Humboldts „Ideen zu einer Geografie der Pflanzen", seine erste Veröffentlichung über die Expedition aus dem Jahre 1807, riss Goethe so mit, dass er sich gern mit ihm in die wildesten Gegenden gestürzt hätte. In seinem

Dankesbrief bat er um schnellen Besuch und legte eine eigene Zeichnung zu dem Naturgemälde, dem Querschnitt des Vulkan Chimborazo, bei, das in seinem Exemplar nur angekündigt war. So wie Apollo, der Gott der Dichtkunst, wolle auch er der Göttin der Natur den Schleier wegziehen: Er möge doch nur bald kommen und ihm berichten. Er habe ihn mit seiner Begeisterung angesteckt.

– Wie denn die Reise von Cumaná weitergegangen sei, drängte Goethe seinen Besucher Alexander, mit dem er sich in sein Studierzimmer am Frauenplan zurückgezogen hatte. Diesen Elan habe er dem Endfünfziger Goethe nicht mehr zugetraut, dachte Humboldt, dagegen spreche ja wirklich dessen immer stärker werdender Hang zur Korpulenz.

– Zunächst in Richtung Westen in die grünen Täler von Aragua bis zum Valencia-See, etwa 375 km von Caracas entfernt, und bis zu der berühmten Guacharo-Höhle mit ihren geheimnisvollen Fettvögeln, dann der Ritt durch die endlose glühend heiße Llanos-Ebene zum Orinoco und weiter flussabwärts bis zum Casiquiare, der ---

– Der tatsächlich den Orinoco mit dem Amazonas verbinde, habe sich diese Vermutung bestätigt?

– Ja, über den Rio Negro, in den der Casiquiare einmünde, strahlte Humboldt stolz. -Keine Entdeckung, aber die erste Vermessung und Bestätigung durch ihn.

– Das höre sich ja wahnsinnig spannend und anstrengend an. Und sehr gefährlich sei es wohl auch gewesen ---

– Oh ja, die Moskitos hätten sie am Orinoco buchstäblich aufgefressen und das bei 50 Grad Celsius. Da habe man die Schreibfeder nicht mehr halten können und er habe sich eine dritte Hand gewünscht ---

– Dritte Hand? Goethe war vor Erregung aufgesprungen und tigerte mit auf dem Rücken verschränkten Armen etwas kurzatmig durch sein Arbeitszimmer.

– Aber sicher, zum Kratzen, da hätten seine zwei Pfoten nicht ausgereicht und man habe auch nicht ständig in den Orinoco springen können.

– Schwimmen habe er doch gelernt?

Abb. 2: Humboldt und Bonpland am Orinoco, Öl auf Leinwand von Eduard
Ender (1822–1883). Bildnachweis: akg-images, Bildnummer AKG590750

– Leider nein, das habe sein Risiko erhöht, von den lauernden Krokodilen
   und den Boa-Constrictor-Schlangen ganz abgesehen. Aber einer habe
   immer Wache geschoben, um die Badenden zu warnen ---

Goethe wurde immer erregter:

– Und das Schiff, wie habe das ausgesehen?
– Schiff? Das sei ein zwölf Meter langer und nur ein Meter breiter aus-
   gehöhlter Baumstamm gewesen, vorne vier Ruderer, hinten die beiden
   Europäer unter einem improvisierten niedrigen Blätterdach.
– Und die Ernährung?

Dass der verwöhnte Schlemmer Goethe danach fragte, hatte Humboldt
schon erwartet:

– Reis, Ameisen, Bananen, Paranüsse, Fische, dabei hätten sie natürlich
   auch nicht ihre mitgeführte wandernde Menagerie, die sieben Papageien,

acht Affen und zwei Hühner vergessen dürfen. Und viel Maniok natür-
lich ---
– Maniok, das sei doch giftig, könne bis zur Blindheit führen, staunte
Goethe ungläubig.
– Nur im rohen Zustand. Sie hätten die Wurzelknolle natürlich vorher
entgiftet, man müsse sie schälen, zu Mehl mahlen, einweichen und
anschließend rösten.
– Dann hätten sie ja eine kräftige Beilage gehabt ---
– Von wegen, das Maniok-Brot sei häufig ihre einzige Nahrung gewesen.
– Und der endlose Ritt durch die Llanos-Ebene? Goethe ging ganz in der
Schilderung auf.
– Eine Schifffahrt zu Lande. Mit Maultieren. Die Eintönigkeit habe sie mit
dem Gefühl der Unendlichkeit erfüllt. In der Hitze von bis zu 50 Grad
hätten sie nicht nur einmal eine Fata Morgana gesehen, die ihnen Wasser
vorspiegelte. Später am Orinoco hätten sie wenigstens das Flusswasser
durch Leinentücher filtern können, eklig habe es trotzdem geschmeckt.
– Wie denn die große Trockenheit des Llanos-Bodens zu erklären sei?
– Durch Entwaldung, die furchtbaren Brandrodungen würden die Landschaft verwandeln.
– Und die Konsequenzen, insistierte Goethe.
– Ein dramatischer Klimawandel. Und mehr: die den Valencia-See umge-
benden Wälder hätten jahrhundertelang die Verdunstung des Sees stark
eingeschränkt, sie speicherten ja Wasser und reicherten die Atmosphäre
mit Feuchtigkeit an. Das sei nun mit der Abholzung dieses Waldbestan-
des vorbei. Die Folge: der Wasserspiegel sinke drastisch, das liege nicht
an einem unterirdischen Abfluss, sondern das sei menschengemacht ---
– Dann habe Francis Bacon doch eindeutig unrecht, für den der Urwald
eine „heulende Wildnis" und nur die kultivierte Natur schön sei, nickte
Goethe mit bebendem Kinn.
– Genau, endgültig Schluss sei mit der anthropozentrischen Sicht auf die
Natur wie bei Aristoteles oder Linné. Die Bebauung tue ihr nicht unbedingt gut ---
– „Mutter Natur" könne man eben nicht zu eigenem Vorteil nach Belieben
ausschlachten, sie verstehe keinen Spaß, stimmte Goethe bekräftigend
zu. -Er, Humboldt, könne sich damit wirklich als Vater des Umwelt-
schutzes verstehen.

Humboldt sprang jetzt auch vor Begeisterung auf und durchquerte gemeinsam mit Goethe das Zimmer, wenn auch gemächlicher als er es sich gewünscht hätte.

– Ob er schon von den Capybaras gehört habe? fragte Humboldt plötzlich spontan.
– Die Wasserschweine?
– Genau, die größten lebenden Nagetiere, sie könnten eine Höhe von rund 60 cm erreichen und eine Länge von etwa 130 cm. Sie seien dämmerungsaktiv, verbrächten die Tageshitze in Schlammlöchern und Flussläufen und die Nächte im Dickicht. Sie versuchten, im Wasser den Krokodilen und Anakondas zu entkommen, um dann an Land von Jaguaren gefressen zu werden.
– Ein teuflischer Kreislauf, entfuhr es Goethe.
– Der werde nachts sogar von der Urwaldmelodie abgebildet: die Schreie der vielen Tiere, das Gekeife der Brüllaffen, das Gekreische der Papageien oder das gestresste Gebrüll der großen Tiger beispielsweise sei eben kein Gruß der Freude an den Vollmond, wie die Indianer glaubten, sondern Kampf, Kampf ums nackte Überleben.
– Und mit unermesslichen Konsequenzen. Dann sei es wohl nichts mit der statischen Harmonie der gottgegebenen Naturordnung, murmelte Goethe unsicher.
– Damit sei es aus, es gehe um dynamischen Wandel, um Selektion, um fressen und gefressen werden, ganz nach den Naturgesetzen.
– Das werde die Kirche nicht gerne hören, dann sei es ja nicht Gott, der eine Art zurückziehe und eine neue wieder einsetze, überlegte Goethe.
– Bestimmt nicht, der müsste ja dann seinen Willen dauernd ändern, fügte Humboldt triumphierend hinzu, -nein es gehe um Kämpfe, die der Stärkere gewinne.
– Kein Wunder, dass Lope de Aguirre im 16. Jahrhundert bei seiner Suche nach dem Goldland, dem Dorado am Orinoco, seinen Verstand verloren und sich zum Kaiser erklärt habe, bemerkte Goethe, der sich wieder ganz gefangen hatte. Er brach seinen Zimmerspaziergang abrupt ab und zog für seine Verhältnisse hastig aus einer Schublade einen Brief von Prof. Johann Friedrich Blumenbach, dem berühmten Anatomen und Anthropologen aus Göttingen. Daraus müsse er ihm ein Stück vorlesen:

„Stellen Sie sich vor, Alexander von Humboldt hat mir einen Indianerschädel aus der Höhle von Ataruipe bei den Orinoco-Katarakten von Atures geschickt. Diese als Grab benutzte Höhle enthält sechshundert wohlerhaltene Skelette in geräumigen Körben und große Urnen mit Verzierungen, die an Griechenland denken lassen. Ein für meine Forschungen himmlisches Geschenk, denn damit konnte ich meine These über den einheitlichen Ursprung der Menschheit untermauern und Leuten wie Prof. Soemmering in Frankfurt, der die Schwarzen als unterlegene Rasse sieht, den Wind aus den Segeln nehmen".

Goethe wandte sich an den schnell unsicher werdenden Humboldt:

– Ein gutes Ergebnis, ganz ohne Zweifel, rechtfertige das aber seine Mittel? Er habe doch sicher den Schädel aus der Ruhestätte geraubt oder seien die Indianer etwa einverstanden gewesen?
– Nein, das seien sie nicht, da habe er leider eine Grenze überschritten, das hätte nicht passieren dürfen. Er habe auch gleich ein ungutes Gefühl gehabt, die Ahnung eines schmerzhaften Verlustes. Und der sei auch eingetreten: nur die Sendung an Blumenbach sei durchgekommen, die restlichen gestohlenen Skelette seien im Atlantik untergegangen.
– Wie es denn überhaupt mit den interkulturellen Unterschieden sei? Trete man da oft in Fettnäpfchen?
– Man müsse ungeheuer aufpassen. Beim Besuch der Guácharo-Höhle, der größten Tropfsteinhöhle Lateinamerikas westlich von Caracas, sei er voll reingefallen. Die früchtefressenden Guácharos, die Fettschwalme, würden in der Dämmerung ihr zehn Kilometer langes Verließ in riesigen Schwärmen verlassen, um Futter zu suchen. Die Indios gewännen aus ihnen Öl und Schmalz, daher ihr englischer Name „oilbirds".
– Und was sei denn nun konkret passiert? fragte Goethe mehr als gespannt.
– Für seine indianischen Begleiter wohnten tief in der Höhle die Seelen ihrer Vorfahren. Sie hätten sich daher dagegen gewehrt, zu weit einzudringen. Darüber habe er sich einfach in seiner Begeisterung – man müsse sich die spektakulären Felsformationen und die zahlreichen großen Kammern mit ihren Stalaktiten und Stalagmiten vorstellen – hinweggesetzt.
– Da seien also zwei Logiken aufeinander geprallt!
– Und wie, Humboldt lächelte jetzt wieder, -er habe da erkannt, dass die europäische Wissenschaft sich nur universalistisch gebe und viel zu

stark abendländisch geprägt sei und schnell interkulturelle Schranken
überspringe.
– Wie verhielten sich denn die Padres den Indianern gegenüber, da müsse
es doch zwangsläufig immer wieder zu ähnlichen Konflikten kommen?
Goethe konnte das Thema einfach noch nicht loslassen.
– Meist völlig verständnislos, sie marterten die Indios mit ihrer Missio-
nierung, ohne auf deren Bräuche und Traditionen einzugehen. Da sei
Leben schlimmer als der Tod. Die Franziskaner behandelten sie wie
Insektensammler, die meinten, die Käfer würden das Aufspießen nicht
fühlen.
– Das sei ja wirklich höllisch, Goethe war mehr als entsetzt.
– Leider, aber alle Europäer seien in dieser Zone gleich abscheulich. Die
Franziskaner hätten beispielsweise auch überhaupt nicht verstanden,
warum er die Strapazen der Expedition auf sich genommen habe. Seine
Heimat habe er doch sicher nicht verlassen, spöttelten sie, -nur um sich
von Moskitos pisacken zu lassen und das Land zu vermessen. Nein,
Spion, der müsse er sein und zwar in portugiesisch-englischen Diensten.
– Wer so wenig einsichtig und feinfühlig sei, der könne natürlich besonders die Indianer nicht begreifen, nickte Goethe zustimmend.
– Könne man wohl sagen! Eines seien die Indios ganz und gar nicht: Barbaren. Das seien vielmehr die sogenannten „zivilisierten" Menschen in
ihrem Verhalten ihnen gegenüber. Die Indianer seien den Europäern
auf so manchen Gebieten sogar überlegen wie in der Orientierung im
Dschungel. Da seien sie wirklich hervorragende Geografen. Ganz abgesehen davon, dass manche Indiostämme bildschön seien, wie Bronze-
statuen von Jupiter, schwärmte Humboldt.
– Müsse man da nicht Cornelius de Pauw angreifen, der in seinen „Recher-
ches Philosophiques sur les Américains" darauf beharre, die Alte Welt
sei der Neuen total überlegen, die sei degeneriert, ja monströs und die
Bevölkerung komme nicht aus den Kinderschuhen heraus?
– Das werde er auch tun und wie, er sei schließlich Augenzeuge, de Pauw
aber reiner Theoretiker, ein Schreibtischtäter, der nie in Amerika gewesen sei, übrigens genau so wenig wie Abbé Raynal oder Compte de Buffon, die ebenfalls die Inferiorität Amerkas proklamierten. Humboldt
war jetzt Feuer und Flamme.

– Aber zu einem „locus amoenus" wie Antoine Joseph Pernety, der Schiffskaplan Kapitän Bougainvilles, wolle er die Neue Welt doch sicher auch nicht machen? bedrängte ihn Goethe.
– Bestimmt nicht, das glückliche Leben edler Wilder, wie es Pernety schildere, sei völlig übertrieben. Er glaube übrigens, die Schwarzmaler Lateinamerikas wollten nur der europäischen Eitelkeit schmeicheln.

Goethe war über seine Gespräche mit Humboldt so begeistert, dass er nach dessen Abreise sofort an Blumenbach, den gefeierten „Magister Germaniae", schrieb:

„Gestern ist Alexander von Humboldt hier bei mir am Frauenplan gewesen, endlich! Unsere Gespräche waren ein Genuss, lehrreich, spannend und unterhaltsam. Seine von der Expedition mitgebrachten Einsichten kennzeichnen meiner Meinung nach eine Epochenwende: er beweist den menschengemachten Klimawandel und die damit verbundene Umweltzerstörung. Damit wird deutlich, dass die anthropozentrische Sicht auf die Natur nicht mehr haltbar ist. Nicht alle Dinge sind zum Nutzen des Menschen gemacht. Wir sind nicht die Besitzer und Herren der Natur, auch wenn die Bibel von uns fordert, uns die Welt untertan zu machen und „über die Fische im Meer und über die Vögel unter dem Himmel und über das Vieh und über alles Getier, das auf Erden kriecht" zu herrschen. Mindestens ebenso wichtig ist Humboldts Gleichstellung der Neuen mit der Alten Welt und seine damit einhergehende Bekämpfung der Sklaverei und des Kolonialismus. Wir leben in *einer* Welt, so unsolidarisch sie auch ist. Außerdem schneidet Humboldt immer wieder eine zentrale Frage an, die nach der Entstehung der Arten. Ist ein wie immer beschaffener Gott dafür verantwortlich oder entwickelt sich alles mehr oder weniger langsam aus einer Urform? Ein brisantes Problem, das vielleicht für die Menschen unlösbar bleibt. Eins ist aber jetzt schon klar, die Thesen von de Pauw, Raynal oder de Buffon haben ausgedient. Dieses Denken Alexanders leitet einen Epochenbruch ein, schreiben Sie mir doch bald, wie Sie darüber denken".

Die Moskito-Schwärme verdunkelten immer mehr den flimmernden Tropen-Himmel über dem Orinoco und stachen in der feuchten Hölle unbarmherzig auf Humboldt und seine Mannschaft ein.

– Ob die tatsächlich einen Unterschied zwischen weißer und brauner Haut machten? knurrte Bonpland verzweifelt.
– Er brauche doch nur in die aufsässigen Gesichter der Ruderer vorne im Boot schauen, dann habe er die Antwort. Ob die durchhielten oder meuterten? So wie die Matrosen Magellans kurz vor Entdeckung der Kanalverbindung zwischen dem Atlantik und dem Pazifik? brummte

Humboldt. Das Schlagen nach den Quälgeistern hatte er längst aufgeben.

Er ließ das Boot in Richtung Ufer steuern und erkannte bald eine Indio-Siedlung mit den erlösenden und gleichzeitig quälenden rauchigen „Hornitos", den kleinen Lehmhütten der Eingeborenen mit verschließbarem niedrigem Eingang. Sie krochen hinein: die Hitze, aber vor allem der Qualm des erlöschenden Feuers nahm ihnen den Atem, vertrieb aber die Moskitos. Eine Erleichterung, die man mit Hustenanfällen, tränenden Augen und Atemnot teuer bezahlen musste, eine Art Fegefeuer.

Dann ging es weiter Orinoco abwärts.

– Dass der lehmgelbe Orinoco, dieser viertgrößte Fluss der Welt, vom Paradies herabgekommen sei, das könne man doch wirklich nicht glauben, grinste Bonpland.

– Gewiss nicht, stimmte Humboldt zu, -das habe Columbus doch nur nach einer alten Sage aufgeschrieben.

Aber Aufgeben? Dazu waren beide im Gegensatz zu der zögernden, widerborstigen und abergläubischen Mannschaft, die sich auch in dieser unerforschten Gegend vor mörderischen Indianerstämmen, ja vor Geistern fürchtete, keinesfalls bereit, koste es, was es wolle.

– Die Mückenhölle müsse weiter flussabwärts mit Übergang in den Rio Negro, den Schwarzwasserfluss, auch allmählich aufhören, tröstete Humboldt seine Leute. Die kaffeebraunen bis tintenschwarzen „Aguas Negras" in der Ebene enthielten so gut wie keinen Sauerstoff, reagierten sauer und verhinderten die Entwicklung der Mückenlarven. – Sie seien übrigens auch kühler, ohne ihre treuen Begleiter, die Krokodile, da könnten sich alle gefahrlos reinstürzen, blödelte Bonpland.

Am 11. Mai 1800 begann der Steuermann plötzlich wild zu gestikulieren und auf die Uferlinie zu zeigen:

– Dort, dort rechts, das müsse der Zugang zum Casiquiare sein, brüllte er und weckte die unter ihrem Palmendach dösenden Reiseforscher. Die sprangen auf, soweit es die Enge und Instabilität des Einbaums zuließ und dirigierten das Boot in die immer deutlicher werdende Einmündung.

– Condamine habe also doch recht, das müsse der berühmte Casiquiare sein, der den Orinoco über den Rio Negro mit dem Amazonas verbinde, triumphierte Humboldt.
– Dann könne man ja endlich mit den ersehnten Messungen beginnen, belustigte sich Bonpland.

Schnell übertrug sich die Erleichterung auf die Mannschaft und die Vermessungsarbeiten des Kanals bis zu seiner Einmündung in den Rio Negro begannen. Mit dem allmählichen Nachlassen der Mückenplage verbesserte sich auch schnell die schwankende Stimmung der Ruderer.

Welch ungeahnte Möglichkeiten sich nun für den Gütertransport und Handel quer durch den Kontinent ergäben, überlegte Humboldt. Wenn dann auch noch der Panamakanal zwischen Atlantik und Pazifik gebaut würde, wäre das doch fabelhaft und ungeahnte neue Handelsmetropolen würden entstehen. Das teilte er dann auch sofort Goethe via „Correo, que nada" mit, einen schwimmenden indianischen Briefboten. Diese Postillons wickelten die Schreiben sorgfältig in Tuch ein und transportierten sie schwimmend auf ihren Köpfen Amazonas abwärts, eine der vielen südamerikanischen Besonderheiten.

Bei der Rückreise staunten sie nicht schlecht, als sie die „Luftgärten" einer kleinen Missionsstation am Casiquiare entdeckten: die Pater bauten hier Salat in alten mit Erde gefüllten Holzkähnen an, die in der Luft hingen. Die Insektenplage war dort so groß, dass man auf der Erde nichts anbauen konnte. Der „luftige" Salat schmeckte köstlich.

Mitte Juni erreichten sie Angostura, einen 1764 an einer Orinoco-Verengung gegründeten Ort. Für Humboldt eine ruhige und reiche Stadt, die von Viehzucht und Landwirtschaft lebte. Der Angostura-Baum, aus dessen Rinde ein Fiebermittel und bitterer Tonic gewonnen wurde, machte sie bekannt. Von dort ging es auf Maultieren durch die Llanos-Ebene in Richtung Cumaná. Die eingetretene Regenzeit hatte die Llanos-Steppe während ihrer mehrmonatigen Bootsfahrt in einen amphibischen Landstrich verwandelt. Die Mauritiuspalme begeisterte Humboldt so sehr, dass er sie in einem Schreiben an Goethe als wohltätigen Lebensbaum bezeichnete. Es sei total beeindruckend, wie viele Dinge von diesem Baum abhängig seien: die Früchte zögen die Vögel an, die Blätter schützten vor Hitze und Wind und die sich um den Stamm sammelnde feuchte Erde sei ein idealer

Lebensraum für Würmer und Insekten. Mit einem Wort: alles hänge mit allem zusammen!

In Cumaná mussten Humboldt und Bonpland rund dreieinhalb Monate auf einen Segler nach Havanna warten. Eine gute Gelegenheit für Humboldt, einen Artikel über die bereisten Regionen zu schreiben, den er bereits Ende 1800 in Deutschland unter dem Titel „Skizze einer geologischen Schilderung des südlichen Amerika" veröffentlichen konnte und den Goethe mit großem Interesse las. Er folgte Alexander immer wieder in seinen Gedanken.

Endlich fanden Humboldt und Bonpland ein passendes Schiff, das von Nueva Barcelona, der rund 300 km östlich von Caracas gelegenen Provinzhauptstadt, nach Havanna segelte. Gleich nach der Ankunft Mitte Dezember 1800 rieb sich Humboldt an den gesellschaftlichen Zuständen:

- Eine Schande sei das, große Teile der Insel für den Zuckeranbau abzuholzen, empörte sich Humboldt, – jeder Tropfen Zuckersaft koste doch Blut und Tränen der Arbeitssklaven.
- Die Guts-Gesellschaft interessiere sich wirklich nur für die Zuckerpreise, von Subsistenzlandwirtschaft mit entsprechendem Mais-, Bananen- und Kartoffelanbau, hätten die Herrschaften wohl noch nichts gehört, stimmte Bonpland zu.
- Die stellten sich ganz einfach taub, ihr Profitstreben ginge über alles. Dass die lokale Selbstversorgung ungeheure Chancen zur sozialen Identifikation biete, brauche er wohl nicht zu betonen, fuhr Humboldt ungeduldig fort.
- Genau: wenn man selbst anbaue, was man als Gesellschaft benötige ---
- Dann gewährleiste das mehr als robuste soziale Identifikation, unterbrach Humboldt. -Das Engagement für die Gemeinschaft erhöhe doch den Lebenssinn.
- Ganz im Gegensatz zu einer einseitigen, profitorientierten und von zerstörerischem Wettbewerb gefährdeten Wirtschaftsordnung, nickte Bonpland.
- Darüber habe er schon mit Goethe diskutiert, der auch ein Anhänger sinnstiftender Arbeit sei und das in seinen „Faust" einflechten wolle: dem solle an seinem Lebensende der Schritt zur Gemeinschaft und zu identitätsförderndem Einsatz für den Anderen gelingen.

- Ein weiter Weg, der vor den Kolonien liege, erboste sich Bonpland, da müsse man sich nur die unsoziale und herzlose Behandlung der Sklaven ansehen.
- Die Europäer benähmen sich wie Tiere, übrigens nicht nur in Amerika, da habe er recht, empörte sich Humboldt.
- Der Mensch sei doch kein Tier, protestierte Bonpland.
- Manchmal aber doch, Humboldt blieb dabei: -ganz abgesehen davon, dass das, was sich gegen die Natur richte wie die Sklaverei, unrecht, schlecht und ohne Bestand sei. Die Natur habe immer recht, Fehler und Irrtümer begingen nur die Menschen. Gott müsse sich auf so manche unbequeme Frage beim Jüngsten Gericht, wenn es das denn gebe, einstellen.

- Über den Magdalenenstrom seien sie dann in Richtung Süden per Boot weiter nach Bogota gezogen, erklärte Humboldt begeistert Goethe bei seinem nächsten Besuch.
- Der münde doch in das Karibische Meer? Goethe wollte es wie immer genau wissen.
- Ja, bei Baranqilla im Nordwesten des amerikanischen Kontinents. Er entspringe im Süden in den Zentralkordilleren und teile dann quasi auf seinem Weg nach Norden die Zentral- von der Ostkordillere. Er sei rund 1600 Kilometer lang, die Kariben-Indianer würden ihn nicht grundlos „Caripuana", das große Wasser nennen.
- Interessant. Und wieweit seien sie flussaufwärts gefahren?
- Bis Honda, der Flusshafen liege etwa 1000 Kilometer von der Mündung entfernt am Fuß der Zentralkordillere, von da sei es dann ein Katzensprung nach Bogota, erklärte Humboldt seinem aufmerksamen Gastgeber.
- Ob denn auch etwas Amüsantes passiert sei? wollte Goethe zunächst einmal neugierig wissen.
- Na, vielleicht mit den „Borrachero"-Sträuchern oder Bäumen, die würden bis zu fünf Meter hoch und dufteten abends herrlich ---
- Borrachero, das habe doch im Spanischen mit Rausch zu tun? unterbrach Goethe erstaunt.
- Aber ja, das sei es ja gerade, man bereite aus den Samen einen Zaubertrank, mit dem man Mädchen willenlos einschläfern könne, scherzte Humboldt.

– Solch ein Wundermittel habe er doch gar nicht nötig, lachte Goethe, er
  meine bei seinem guten Aussehen, er solle ihn nicht falsch verstehen ---
– Ganz und gar nicht, belustigte sich Humboldt. In Bogota habe er die
  Quittung bekommen: der große Botaniker Mutis habe ihn in die Real-
  tität zurückgeholt und ihm mit allen Honorationen einen triumphalen
  Empfang bereitet. Und ihm sei doch jede Repräsentation so zuwider.
  Das koste doch viel zu viel Zeit. Sie seien dann aber bald ab Anfang September 1801 über den alten, häufig sehr schmalen Andenweg in Richtung Quito gereist, rund 560 Kilometer.
– Doch nicht etwa in den berüchtigten „cavallitos", den Tragstühlen, mit
  denen die Indios Europäer auf ihren Rücken transportierten?
– Natürlich nicht, da sei er total gegen, das vertrage sich nicht mit der
  Menschenwürde. Nein, sie hätten Lasttiere für ihre Ausrüstung und
  das übrige Gepäck benutzt und seien ansonsten marschiert. Das sei
  auf dem öfter nur dreißig bis vierzig Zentimeter schmalen Pfad gar
  nicht so ungefährlich, eine Unachtsamkeit und man stürze in den
  Abgrund.

Goethe hatte wieder seinen „Zimmerspaziergang" mit auf dem Rücken
gekreuzten Armen aufgenommen. Er schien sich nicht sicher zu sein, wie er
ein ihn besonders bewegendes Thema aufgreifen sollte. Vielleicht am besten
mit dem Brief, den er im Spätsommer 1802 von Humboldt erhalten hatte?
Er setzte sich und zitierte:

„Bei der Besteigung des Vulkans Antisana 130 Kilometer nördlich von dem
höchsten Berg der Erde, dem berühmten Vulkan Chimborazo, erreichten wir
eine Höhe von 5407 Metern, höher ist noch kein Sterblicher gekommen. Das
hat uns so angespornt, dass wir anschließend den nahegelegenen Cotopaxi mit
seinen 5900 Metern hinauf hangelten, bezwingen konnten wir ihn aber nicht, wir
mussten wegen der Schneemassen nach 4400 Metern umkehren. Beim Pichincha
erreichten wir aber im Mai 1802 den Gipfel in 4790 Metern Höhe, ein ungeheu-
res Erlebnis, über den Kraterrand in die Tiefe und die Glut zu schauen, soweit die
Schwefeldämpfe das überhaupt zuließen. Dieser Hades erfüllte uns mit traurigen
Vorahnungen. Die erfüllten sich auch prompt am nächsten Tag. Da bebte die Erde
und die Einheimischen gaben uns schnell die Schuld: wir hätten Schießpulver in
den Krater geschüttet, behaupteten sie.
     Der Höhepunkt kam dann mit der Besteigung des Chimborazo am
23. Juni 1802. Für Simon Bolivar eine wahre ‚Himmelsleiter', von der er so
begeistert war und ist, dass er darüber ein größeres Gedicht schreiben will.

Abb. 3: Alexander von Humboldt und Aimé Bonpland am Chimborazo, Friedrich Georg Weitsch 1806. Quelle: Stiftung Preußische Schlösser und Gärten Berlin/Brandenburg/Bildarchiv. GKI 4145, Fotoinventarnr: F0014389, Fotograf Jörg P. Anders.

Der Thron der Natur forderte uns einen hohen Preis ab: der Tag war diesig und neblig und wollte einfach nicht richtig hell werden, es hatte auch in der Nacht viel Schnee gegeben. Je höher wir kamen, desto mehr empfanden wir unsere Beine wie Blei", las Goethe weiter vor und wurde dabei immer mehr mitgerissen: „Unsere leichten Schuhe waren schnell zerrissen und saugten das Schneewasser gierig auf. Meine Fußgeschwüre, die der Strandfloh ‚Pulex Penetrans' verursacht hatte, schmerzten höllisch, vor allem, wenn ich an einen spitzen Felsen stieß. Wir mussten alle drei Schritte stehenbleiben und der Berg dehnte sich für uns immer mehr aus. Unten konnten wir noch zügig gehen, oben wurden wir immer langsamer und hatten das Gefühl, nie anzukommen. Bald kamen wir in Atemnot, die unsere Übelkeit und den Brechreiz noch erhöhte. Unsere Herzen hämmerten immer schneller und unsere Lippen waren aufgeplatzt, das Zahnfleisch und die Hände bluteten, wir rissen sie immer weiter an den scharfen Kanten der Felsen auf, an denen wir uns festklammern mussten. Die mit der Höhe ständig zunehmenden Kopfschmerzen und der Schwindel peinigten uns so stark, dass wir glaubten das Bewusstsein zu verlieren, unsere Halluzinationen verwandelten sich schnell in irrlichternde Wahnbilder. Grund war sicher der Sauerstoffmangel in der großen Höhe.

Der „Cuchilla", der äußerst schmale Grad, der zum Gipfel führte, war mit Schnee bedeckt und konnte nur erraten werden. Die bedrohlichen Hänge zur Linken und Rechten fielen steil ab, bei einem falschen Schritt gab es keine Hoffnung. So taumelten wir in höchster Gefahr nach oben, als wir plötzlich bei 5917 Metern auf eine breite und tiefe Gletscherspalte stießen. Unmöglich, sie zu umgehen, das verhinderte der Tiefschnee. Verzweifelt versuchten wir die Bergkrone auszumachen, als plötzlich der dichte Schneefall aufhörte und der Himmel aufriss. Ja, da lag er rund 300 Meter über uns, der schneebedeckte Himmelsthron, in seiner ganzen Schönheit. Aber es war unmöglich, ihn zu erreichen, ausgeschlossen, festzustellen, ob er einen Krater hat. Meine Halluzinationen gaukelten mir vor, in der Gondel eines Luftballons zu sein. Aber nur kurze Zeit, denn der Abstieg in Hagel und Schnee erforderte unsere ganze Aufmerksamkeit und unsere letzten Kräfte. Bei 5100 Metern trafen wir wieder auf die einheimischen vor Kälte zitternden Begleiter und Träger, die sich vor Angst und Erschöpfung geweigert hatten, uns weiter zu begleiten und uns einfach im Stich gelassen hatten."

Goethe blickte auf:

– Das sei ja ein ungeheuer dramatischer, eindrucksvoller Bericht. Die Lehre sei sonnenklar: die Natur sei immer ernst und streng, sie entziehe sich ganz einfach ihrer Unterwerfung durch den Menschen.
– Deshalb habe er auch in seinem Tagebuch notiert: „Das waren unsere Säulen des Herakles". Das „Non plus ultra", das „Nicht mehr weiter", das Herakles an die „Säulen", den Fels von Gibraltar und den Berg Dschebel Musa westlich von Ceuta, geheftet habe und die die Straße von Gibraltar einfassten, habe auch für sie in der Nähe des Chimborazo-Gipfels gegolten.
– Warum in aller Welt er sich das antue? wollte Goethe wissen.
– Er halte es für seine Pflicht, im Leben die Stellung einzunehmen, in der er den Menschen am besten dienen könne. Vielleicht sei es ja dabei seine Bestimmung, in einem Krater umzukommen oder im Ozean zu ertrinken, meinte Humboldt halb im Scherz und halb im Ernst.
– Sein „Naturgemälde", der berühmte Querschnitt des Chimborazo mit seiner revolutionären Darstellung der Pflanzenarten nach ihrer ökologischen Verteilung auf verschiedene klimatische Zonen, zeige die Natur als Netz, in dem alles mit allem verbunden sei, und beweise, wie sehr

sich sein Einsatz gelohnt habe, entgegnete Goethe voller Bewunderung.
-Er habe ja auch in seiner ersten Begeisterung die in seinem Exemplar
der „Ideen zu einer Geografie der Pflanzen" nur angekündigte Zeichnung selbst angefertigt und ihm geschickt ---

- Daran erinnere er sich überdeutlich, bemerkte Humboldt und spielte
  darauf an, dass diese Goethe-Skizze alles andere als perfekt war.
- Was diese lebensgefährliche vulkanische Ur-Erfahrung denn noch bei
  ihm ausgelöst habe? tastete sich Goethe an das zwischen ihnen kontroverse Thema über die Entstehung der Welt durch Feuer oder Wasser heran.
- Er habe eingesehen, dass die Vulkane wie beispielsweise die rund um
  Quito im Erdinneren untereinander verbunden seien und einen gemeinsamen glühenden Schoß der Erde bildeten. Die einzelnen feuerspeienden
  Berge seien nur Schornsteine dieses gemeinsamen Herdes. Und zöger-
  licher fuhr Humboldt fort, dem bewusst war, dass Goethe immer noch
  Anhänger des Neptunismus war: -Diese enormen Kraftquellen seien für
  die Erdentwicklung verantwortlich und nicht Ablagerungen von Sedi-
  menten aus Wasser ---

Goethe war schneller aufgesprungen als Humboldt dem korpulenten Sech-
ziger zugetraut hatte und walzte wieder erregt durch sein Arbeitszimmer:

- Dann breche er doch mit dem Neptunismus, habe er denn seinen Lehrer
  Abraham Gottlob Werner an der Bergakademie Freiberg vergessen, den
  Hauptvertreter des Ursprungs der Erde aus Wasser? ächzte der „verra-
  tene" Dichterfürst.

Er zahlte Humboldt dessen Übertritt vom Neptun-Jünger zum Plutonisten
später natürlich heim und schickte ihm eine Besucherin, die er als „weiblichen Vulkan, der alles versengt und verbrennt" ankündigte und das bei
dem in weiblichen Fragen eher zurückhaltenden Gelehrten. Da waren die
„beinahe besten Freunde" wieder quitt.

Die aufregende Vulkanlandschaft in der langgezogenen Anden-Hoch-
ebene um Quito hielt Humboldt und Bonpland rund ein halbes Jahr in
dieser Stadt fest. Sie waren Gast in dem Palais von Herzog Juan Pio Agui-
irre y Mantúfar im „Barrio Alto", dem Viertel der spanisch stämmigen

Großgrundbesitzer und Padres, dem auf der anderen Seite die Bezirke der ärmeren indigenen Bevölkerungen gegenüberstanden. Die spanischen Konquistadoren hatten die Stadt im Dezember 1584 gegründet. Die religiösen Orden, die Franziskaner, Augustiner, Dominikaner, Mercedarier, später die Jesuiten, folgten schnell nach und prägten mit ihren Kirchen und kolonialen Bauten das Stadtbild, besonders die Plaza Grande und die Plaza de San Francisco.

- Ob er sich vielleicht nicht doch zu viel um seine Berge und Kräuter kümmere, neckte Rosa de Mantúfar, die äußerst hübsche kokette Tochter des Hauses, erwartungsvoll Humboldt.
- Nein, nein das glaube er nicht, widersprach Humboldt liebenswürdig: -die vierzehn Vulkane um Quito, dieses einmalige Ensemble, hätten es ihm nun mal angetan. Außerdem habe er doch nur so wenig Zeit, da er sich in Lima der Weltumseglung Kapitän Baudins anschließen wolle, flunkerte er, obwohl er längst wusste, dass der seinen Kurs in Richtung des Kap der Guten Hoffnung verändert hatte. Dass für ihn ein verheirateter Mann ein „verlorener Mensch" war, das behielt er vor Rosa lieber galant für sich.

Rosa konnte das noch weniger begreifen als ihr Vater, der Marquis. Zumindest müsse man sich doch gleichzeitig um hübsche Frauen und Vulkane kümmern, davon waren beide überzeugt. Als dann noch die Vorliebe Humboldts für ihren charmanten Bruder Carlos deutlich wurde, den er zu seinen Bergtouren mitnahm und dann zu seinem offiziellen Reisebegleiter machte, wurden die Gerüchte über seine Homosexualität lauter. Geschürt wurden sie besonders von dem jungen Astronomen Francisco José de Caldas aus Bogota, der ebenfalls in Humboldts Team aufgenommen werden wollte und nicht verkraften konnte, dass der graziöse und unerfahrenere Mantúfar ihm vorgezogen wurde. Klar, dass Caldas seine Kritik auch auf die wissenschaftliche Arbeit Humboldts ausdehnte und verbreitete, die sei oberflächlich und vermische Fakten mit Annahmen.

- Ja, ja, die Salongespäche, grinste Bonpland Humboldt an, da komme man doch nicht gegen an und das sei eben der Preis, den sie für ihr Engagement zahlen müssten.

Anfang Juli 1802 erreichten Humboldt und Bonpland die geheimnisvollen knapp 400 Kilometer südlich von Quito liegenden Inkaruinen Ingapirca, das am besten erhaltene Denkmal, das die Beiden bis dahin gesehen hatten. Der Zweck dieses etwa 3200 Meter hoch in den Anden gelegenen Inkapalastes ist bis heute nicht ganz geklärt. Beim Vermessen der Anlage genossen sie den wundervollen Blick auf die Umgebung. Bei der Weiterreise über Saraguro, Loja nach Cajamarca, rund 1000 Kilometer südlich von Ingapirca im heutigen Peru gelegen, sahen sie auch die Überreste der auf dem Rücken der Anden verlaufenden eindrucksvollen Inkastraße und trafen auf freie Jíbaros-Indianer aus den angrenzenden Wäldern.

– Welch ein Unterschied zu den Indios der Missionen, freute sich Humboldt.
– Die seien wirklich nur die unterdrückten Sklaven der Padres, stimmte Bonpland zu.
– Und wie lebhaft und lernbegierig sie im Gegensatz zu den angeblich „zivilisierten" Indianern seien, wunderte sich Humboldt, -sie könnten schon ganz gut Spanisch.

Er sprach ihnen Sätze auf Deutsch, Englisch und Französisch vor und die Indianer wiederholten sie mühelos, so als wenn sie sich an diese Sprachen bereits gewöhnt hätten.

In Cajamarca besichtigten sie die Ruinen des Palastes, in dem der letzte Inka-Fürst Atahualpa bis zu seiner Tötung durch Pizarro im Jahre 1533 gefangen gehalten wurde.

– Unter den Schutthaufen lägen gewaltige Goldschätze, begeisterte sich der junge Mann, ein verarmter Nachkomme des Herrschers, der ihnen die Anlage erklärte: -vor allem ein unterirdischer Garten, der „Jardin de Oro", mit belaubten Bäumen und vielen Früchten, auf deren Zweigen Vögel säßen. Alles aus purem Gold, strahlte er. – Das sei aber nicht alles: dort unten stehe auch der berühmte goldene Tragsessel des Atahualpa.

Auf die verblüfften Mienen seiner Gäste fügte er schnell hinzu:

– Das sei alles von Augenzeugen, auch von seinen Altvätern bestätigt, goldene Träume seien das jedenfalls nicht. Diese Goldgärten habe es übrigens auch an anderen Stellen gegeben. Da, wo sie nicht unterirdisch gewesen seien, hätten die nachgebildeten Goldpflanzen neben den Naturgewächsen gestanden ---

– Warum sie denn nicht die Schätze ausgraben würden? unterbrach Bonpland erstaunt.
– Das sei Sünde, das dürften sie nicht. Außerdem würden sie dann die Weißen darum beneiden und ihnen sicher schaden.
– Die Inkas seien auch nicht zimperlich gewesen, raunte Humboldt Bonpland zu, die hätten den Spaniern schon die „christliche" Raserei vorgemacht und alle Geistesfreiheit unterdrückt.

Nach etwa 800 Kilometer langem staubigen Marsch die Küste entlang erreichte ihre Maultierkarawane Ende Oktober Lima.

– Das sei ja ein schrecklicher Anblick, knurrte Humboldt. Bonpland blickte ihn erstaunt und verständnislos an.
– Er meine die vielen Indianerinnen, die so völlig achtlos auf Wurzeln rumkauten und sich mit dem Saft bekleckerten, die Wurzeln seien ja über zehn cm lang.
– Dann solle er sich doch an die Damen der Gesellschaft halten, neckte ihn Bonpland.
– Das könne doch nicht sein Ernst sein, diese „Tapada Limeña Mode" mit ihren anonym machenden Schleiern, die nur ein Auge freiließen, das sei doch auch nicht besser, ereiferte sich Humboldt.

Ein Urteil, das auch die kolonialen sakralen Bauten wie die Kathedrale oder die Basiliken La Merced und San Pedro, die Stierkampfarena und die klare schachbrettartige Anlage der Stadt am fruchtbaren Südufer des Rio Rimac nicht mehr ändern konnten.

– Wie lange die Trinkwasserversorgung aus dem Rio mit seinem Gletscherwasser wohl gesichert sei? fragte Bonpland.
– Da tippe er etwas Wichtiges an. Sie hätten ja schließlich gesehen, dass die Menschen hemmungslos in das Naturgeschehen eingriffen ---
– Sicherlich, aber ein Rückgang des Gletschers würde doch zunächst mal mehr Wasser bedeuten.

– Die mögliche Erderwärmung könne aber zum Abschmelzen des ganzen Eises führen und dann sehe es schlecht für die Trinkwasserversorgung Limas aus.

– Er male vielleicht doch zu schwarz, wandte Bonpland ein, – so hässlich und langweilig sei die Stadt doch nun auch wieder nicht, außerdem hätten sie doch auch ---

– Vielleicht habe die Verlegung der Reiseroute von Baudin ihnen nur die Stimmung verhagelt, lenkte Humboldt ein. -Trotzdem: er freue sich auf die Abreise nach Guayaquil Ende Dezember.

– Er auch, besonders auf die Vermessung der unter einheimischen Fischern bekannten kalten Meeresströmung, die von der Antarktis parallel zu den Anden in Richtung Norden fließe, die werde dann wohl schnell „Humboldtstrom" genannt, feixte Bonpland, ohne zu ahnen, wie recht er behalten sollte. Eine Ehrung, die Humboldt immer mit dem Hinweis zurückwies, die Strömung sei unter den Fischern längst bekannt gewesen, er habe nur als erster ihre Temperatur gemessen. Und darin schlage ihn so schnell keiner!

Die spanische Fregatte „La Castora" verließ Callao, den Hafen Limas, am 24. Dezember 1802 und segelte die Küste entlang nach Guayaquil.

Kurz nach ihrer Ankunft in dieser Hafenstadt brach der Cotopaxi mit großem Getöse aus.

– Dem Donnern des Vulkans müssten sie einfach folgen, der Ruf des Schicksals sei viel zu verführerisch, begeisterte sich Humboldt.

– Der Aufstieg durch das Gebirge in Richtung Quito sei aber praktisch unmöglich, man werde dabei sterben, das sagten alle, wandte Bonpland kritisch ein.

– Dem „Brüllen" des majestätischen Berges könne man doch nicht widerstehen, ihn habe er jedenfalls bezaubert, konterte der enthusiastische Humboldt.

Als er auf dem Weg die Anden hinauf hörte, dass in wenigen Tagen die „Orue" in Richtung Acapulco, den Hafen an der Pazifikküste Mexikos, segeln werde, kehrte er jedoch um. Eine gute Entscheidung, fand er später, da der Cotopaxi nur Asche ausgestoßen hatte, aber keine Steine, die er hätte untersuchen können.

Schnell verließen die beiden Forscher den für sein ungesundes Klima berüchtigten Hafen Acapulco in Richtung Mexiko-Stadt. Einundzwanzig Maultiere transportierten ihre Sammlungen und Instrumente auf diesem von Lasttieren überfüllten Weg. Anfang April kamen sie in der Stadt mit damals 150.000 Einwohnern an, die Humboldt den schönsten Metropolen Europas an die Seite stellte. Dazu trugen nicht nur der in Sichtweite liegende Popocatépetl bei, der schneebedeckte und aktive Vulkan, sondern auch die eleganten und schönen Gebäude.

In seinem Brief an Goethe erwähnte er aber nicht nur die attraktive Seite der Stadt, die wissenschaftlichen Einrichtungen wie die Akademie für Malerei, die Bergschule oder den botanischen Garten, sondern auch die Schattenseiten:

„Das Elend auf den Straßen ist unübersehbar: die Indianer tragen häufig nur immer wieder geflickte Lumpen oder sind einfach nackt in eine Wolldecke gehüllt. Sie werden in den Silberbergwerken wie Tragtiere benutzt und müssen mit gewaltigen Gesteinsbrocken beladen als menschliche Maschinen die gewöhnlich über 20.000 Stufen herauf- und wieder hinunter hetzen.

Man fühlt sich dabei mehr als unwohl, jedenfalls wenn man etwas sensibel ist. Grund für das Dilemma ist der Kolonialismus, der durch und durch unmoralisch ist. Das Mutterland interessiert sich nur für die Abgaben seiner Kolonie, je höher desto besser. Daher muss die Kolonie in Abhängigkeit gehalten werden. Dazu ist jedes Mittel recht: Emporkömmlinge werden als Beamte nach Neu-Spanien geschickt, sie können sich benehmen wie sie wollen, weil Missbrauch straffrei bleibt. Die Streitigkeiten, ja der Hass zwischen den Kasten werden geschürt, Heiraten zwischen den verschiedenen Gesellschaftsschichten sind verpönt. Die Indianer sind weitgehend ausgegrenzt und rechtlos. Mittelmaß und bloß nicht zu viel Stärke für die Kolonie heißt die Devise, nur so, glauben die Spanier fest, können Revolten vermieden werden".

– Darin seien sich doch alle einig, erboste sich Bonpland, als ihm Humboldt von seinem Brief an Goethe erzählte: -die Frage laute doch nur, ob es angenehmer sei, sich von Engländern oder Franzosen in Ostindien oder eben von Spaniern in Mexiko auspeitschen und misshandeln zu lassen.

– Das liege in der menschlichen Natur, Gut und Böse gehörten wohl zusammen, nickte Humboldt.

- Das sei doch mehr als deutlich bei ihrem Besuch der attraktiven Stadt Querétaro mit ihrem eindrucksvollen Aquädukt aus vierundsiebzig steinernen fünf Meter hohen Bögen und ihrer bildschönen Casa de la Corregidora an der Plaza de Armas auf der einen und der schrecklichen Tuchfabrik auf der anderen Seite geworden.
- Und wie klar: Die Casa habe ja schließlich als Königshaus, aber auch als Gefängnis gedient und die Werkhallen der Fabrik seien ja mit das Deprimierendste gewesen, das sie bisher in Neuspanien erlebt hätten.
- Allerdings, so etwas Schmutziges, Dunkles und Ungesundes habe er noch nie gesehen und das vor dem Hintergrund der schönen Kolonialbauten, ereiferte sich Bonpland. -Man könne sich nur schämen, Europäer zu sein.

Auch das Studium der aztekischen Bilderschriften hellte ihre Stimmung nicht wirklich auf, denn sie trafen bei den Bildern immer auf schaulustige Spanier, wenn sie einen erhängten Indio entdeckten.

- Wieso diese Kostbarkeiten so unsachgemäß in einem feuchten Raum aufbewahrt würden und von den unachtsamen Studenten bereits teilweise zerrissen worden seien? regte sich Humboldt auf.
- Die müssten zu ihrer Rettung doch sofort nach Madrid geschickt werden, ergänzte Bonpland.
- Ob das der richtige Weg sei? Humboldt wiegte seinen Kopf voller Zweifel hin und her. -Man dürfe vielleicht doch nicht alle Kulturgüter nach Europa entführen.

Auch wenn die monströse Eruption, die im September 1759 zu der Bildung des Aschenkegel-Vulkans Jorullo in Zentralmexiko geführt hatte, als eines der gruseligsten Ereignisse der mexikanischen Geschichte galt, der Berg musste noch bezwungen werden.

- Die glühende Lava sei unter Ohren betäubenden Donnerschlägen bis zu sechzig Meter hoch in die Luft geschleudert worden, berichteten den Beiden die Einheimischen. -Die Asche habe den Tag in tiefe Nacht verwandelt, die natürlich von dem Feuer des Vulkans immer wieder gespenstisch erleuchtet worden sei. Der sich bildende ungeheure Berg sei ihnen wie ein ‚Schloss in Flammen' vorgekommen.

Der steile Aufstieg im Zickzack ließ sich größtenteils nur mühsam auf dem Bauch liegend machen. Ständig rutschten sie auf der Asche wieder zurück und versuchten sich an Felsbrocken festzukrallen. In 1204 Metern war der Gipfel endlich erreicht und sie stiegen, nein rutschten auf dem Hosenboden vorsichtig den Krater hinunter. Für Humboldt ganz und gar kein Vergnügen, da er noch unter einer Verstauchung des Steißbeins litt, die er sich beim Sturz in einem Bergwerk zugezogen hatte.

- 52 Grad Celsius, keuchte Humboldt.
- Das sei ja die reinste Hölle, sie hätten ja alle schon verbrannte Gesichter, tiefer runter könnten sie nicht, schnaufte Bonpland.
- Wirklich nicht, sie seien ja schon trunken, irgendwie berauscht, sie müssten wieder nach oben, stimmte Humboldt ein.

Das müsse er alles an Goethe schreiben, das wäre doch etwas, um den eingefleischten Neptunisten zu verunsichern. Vielleicht lasse ihn auch das großartige Bild des „Schlosses in Flammen" an seiner Vorliebe für die Monarchie zweifeln, keuchte Humboldt beim Wiederaufstieg zum Kraterrand.

„Bergsteiger auf dem Gipfel des Jorullo", diese Ölskizze, die Johann Moritz Rugendas, der Maler Lateinamerikas, auf Anregungen Humboldts 1834 malte, lässt die Stimmung, die die beiden Forscher damals antrafen, gut nachempfinden.

Kurz vor der Abreise von Mexiko nach Philadelphia und Washington – mit einem kurzen Zwischenstopp auf Kuba – wurde Humboldt im November 1803 zur Einweihung des Reiterstandbilds König Karls IV. in Mexiko-Stadt eingeladen.

- Vorsicht, das Hauptseil reiße, brüllte Bonpland plötzlich außer sich Humboldt zu, der zusammen mit dem Bildhauer unter dem Pferde stand, das auf einen Sockel abgesenkt werden sollte. Er konnte die Beiden gerade noch aus der Gefahrenzone stoßen. Glücklicherweise hielten aber die anderen Seile dann doch.

Dass die damals bekannte Zeitschrift „Hamburger Correspondent" Humboldt einige Monate später für tot erklärte, lag aber nicht an diesem Beinah-Unfall, sondern am Gelbfieber!

„All the ladies say, they are in love with him", verbreitete die Frau des Außenministers und späteren vierten Präsidenten der USA Dolly Madison über Humboldt. Den interessierten aber weniger die „Ladies" als der amtierende amerikanische Präsident Thomas Jefferson, der als brillanter Hobby-Naturforscher ständig mit einem Lineal in der Tasche rumlief und den er wohl wenn nicht als Seelen- dann doch als seinen „Vermessungsbruder" sah. Er wollte vor allem eins: nach der latein-amerikanischen Wildnis als Kontrast die Zivilisation der Republik USA näher kennenlernen.

– Da könne man ja nur gespannt sein, ob die Waagschale sich zuguns-ten der unschuldigen Wildnis oder der Kulturlandschaft neige, witzelte Bonpland bei ihrer Ankunft in Washington am 1. Juni 1804.
– Darum ginge es ihm eigentlich nicht. Nur darum, die Natur respektvoll zu behandeln und nicht auszubeuten und um das nähere Kennenlernen der amerikanischen Agrarrepublik, sozusagen als Gegenentwurf zu dem alten Europa, konterte Humboldt.

Thomas Jefferson lud Humboldt, den er für den vollkommensten Forscher seiner Zeit hielt, gleich in das knapp vier Jahre vorher eröffnete Weiße Haus ein.

– Er könne gar nicht sagen, wie begeistert er von der amerikanischen Unabhängigkeitserklärung sei, bewunderte Humboldt den amerikani-schen Präsidenten, -besonders nach seinen bitteren Erfahrungen mit der Sklaverei und Ausbeutung der Indios in Neu-Spanien.
– Ein schlimmer, leider schwer überwindbarer Zustand, nickte Jefferson. -Die Anerkennung der Gleichheit der Menschen sei unabdingbar und ständig anzustreben. Dabei dürfe man nicht in großen Städten aufein-andergestapelt leben ---
– Wie in Europa, warf Humboldt schnell ein, er konnte sich bei dem ihn völlig begeisternden Thema einfach nicht zurückhalten.
– Ganz richtig. Jefferson blickte Humboldt fest in die Augen: -Wenn wir auch so lebten, würden wir schnell so korrupt wie die Alte Welt. Kauf-leute seien doch immer gewissenlos und Banken wirklich gefährlicher als Armeen ---

- Die böten häufig ein unmoralisches und düsteres Schauspiel, das könne man nicht anders nennen, sekundierte Humboldt.
- Nur eine Bauernrepublik stehe für Glück und Unabhängigkeit, fuhr Jefferson fort, -davon sei er überzeugt.
- Er eigentlich auch, die beste Luft werde in Freiheit geatmet, aber der Weg sei steinig und nicht leicht, gab Humboldt zu bedenken.
- Er spiele wohl darauf an, dass die Abschaffung der Sklaverei in Nordamerika immer wieder gefordert, aber nur partiell realisiert sei?
- Richtig, nickte Humboldt heftig und konnte nur mit größter Mühe seine Frage zurückhalten, warum Jefferson auf seinem eigenen Mustergut Monticello auch noch Sklaven beschäftigte.
  Der wechselte schnell das Thema. – Madison habe ihm von seinem Vorschlag, einen Kanal zwischen Atlantik und Pazifik zu bauen berichtet, ein genialer und kühner Gedanke.
- Die Realisierung würde völlig neue Handelsstädte an den Küsten entstehen lassen. Davon sei selbst der Dichterfürst Goethe total überzeugt, der habe ihm versichert, er wolle unbedingt so lange leben bis die ersten Schiffe diesen Wasserweg passierten.
- Da habe er recht, nur sei die technische Umsetzung mehr als schwierig und für die Arbeiter sicher lebensgefährlich, lächelte der Präsident abschließend.

Nach weiteren langen Gesprächen, in denen Humboldt Jefferson über Mexiko und Neu-Spanien ausführlich informierte, ging Humboldt mit seinen Begleitern am 30. Juni 1804 an Bord des französischen Seglers „Favorite" und erreichte nach siebenundzwanzig Tagen Bordeaux.

Goethe schrieb sofort erleichtert an Wilhelm von Humboldt, sein Bruder Alexander sei ja glücklicherweise sozusagen von den Toten wieder auferstanden. Und in der „Jenaischen Allgemeinen Literaturzeitung" fügte er hinzu, dass sein erster sehnlicher Wunsch, den mutigen Naturforscher wieder in Europa zu wissen, nun erfüllt sei, doch sei da gleich ein zweiter entstanden, endlich die Berichte über die Ergebnisse und Abenteuer dieser Reise zu lesen.

- Länger hätte er es wirklich nicht mehr ausgehalten, auf ein weiteres persönliches Gespräch über seine Expedition mit ihm zu warten, empfing Goethe den immer noch sehr jungenhaften Humboldt, dem man die

Strapazen seiner langen Amerika-Reise überhaupt nicht ansah. -Seine „Ideen zu einer Geographie der Pflanzen", er wies auf das damals schon berühmt werdende aufgeschlagene Buch, -habe ihn so begeistert, dass er sich immer wieder hinein vertieft und es sogar mit zur Kur in die böhmischen Bäder genommen habe.

– Die Leute wollten eben „sehen" und nicht nur lesen, kommentierte Humboldt. Daher seine lyrischen Passagen, die die Pflanzen schon fast wie die Malerei „abbildeten". Zu seiner „visuellen Methode" gehörten auch seine vielen Vergleiche, z.B. des Orinoco mit dem Amazonas oder La Plata-Strom ganz im Süden Lateinamerikas.

– Das sei ja eigentlich schon ein „Bild-in-Bild-Verfahren", ergänzte Goethe enthusiastisch.

– Nur mit dieser Verbindung von Naturkunde und Ästhetik könne man eine breite Leserschaft gewinnen ---

– Und den Elfenbeinturm der kurzsichtigen Professoren verlassen, deren Werke viel zu trocken und ermüdend seien, stimmte Goethe ein, den nichts mehr auf seinem Stuhl hielt.

– Er wolle den Leser eben buchstäblich auf den Rücken der Anden mitnehmen, Humboldt marschierte jetzt neben Goethe durch den Raum, -ihn in eine Seelenreise versetzen.

– Wie gut er das nachempfinden könne, wie oft sei er selbst zu seinen Gedankenreisen nach Lateinamerika aufgebrochen, seufzte Goethe. -Übrigens wolle er ihm noch mal danken, dass er ihm den Band gewidmet habe. Besser als er könne man der Göttin Natur den Schleier nicht wegziehen. Das sei ja eine ganz neue Form der Naturbeschreibung.

– Dabei bleibe er auch bei den geplanten weiteren Buchveröffentlichungen, die würden ihn noch Jahre beschäftigen und viel Geld kosten, vor allem für die Zeichner, Kupferstecher usw. ---

– Und thematisch, wie ginge er da vor? fragte Goethe mitgerissen.

– Kritik an der kolonialen Ausbeutung mit ihrer schädlichen Klimaveränderung und Protest gegen Sklaverei und Unterdrückung der Indios durch die Padres, das könne man gar nicht oft genug fordern.

Als sich der alternde Humboldt einige Jahre nach Goethes Tod an dieses Gespräch erinnerte, konnte er sich einen Seufzer nicht verkneifen. Wie gut, dachte er, dass er damals nicht geahnt habe, wie lange ihn die Herausgabe seiner amerikanischen Reise beschäftigen werde, dass es eins der größten privaten Reisewerke werden würde. Dabei sei es dennoch ein „offenes" Buch geblieben, trotz seiner dreißig Bände, die zwischen 1807 und 1838 erschienen seien. Sein Freund Dominique Francois Arago, der bekannte Pariser Astronom und Physiker, habe ihm ja damals vorgeworfen, ‚er schreibe ohne Ende. Das ergebe aber kein Buch, sondern ein Bild ohne Rahmen!' Das habe ihn schon verletzt, sonst würde er sich nicht so genau erinnern, aber eigentlich habe Arago doch recht gehabt. Schließlich habe er ja nur das erste Drittel seines Reiseverlaufs geschildert. Und ja, dazu kämen die Übersetzungen, die fast alle sehr stark gekürzt und oft auch nicht gelungen seien.

Er konnte sich nicht von dem Thema trennen und schloss die Augen, um besser Bilanz über sein Reisewerk ziehen zu können:

Seine Verteidigung des Vulkanismus, das sei doch was, wenn das auch nicht gerade die Freundschaft zu Goethe erhöht habe. Oder seine Hinweise auf evolutionäre Entwicklungen und seine Schaffung der Pflanzengeographie. Aber besonders erfülle ihn sein Einsatz gegen den Kolonialismus mit seiner Rohstoffausbeutung und Umweltzerstörung mit Genugtuung. Auch seine Hinweise, dass die Indios keine Barbaren seien, sondern eher die Europäer durch ihr grausames Verhalten als Kolonialherren. Es komme darauf an, die Alte und die Neue Welt nicht in ihrer Gegensätzlichkeit, sondern in ihrer Komplementarität und Interdependenz zu sehen.

Aber trotz allem würden seine Bücher ja zu wenig gelesen, gab er ehrlich und ein wenig resigniert vor sich selbst zu. Sie seien zu teuer und die Übersetzungen zu schlecht, vielleicht seien auch einzelne Partien zu fachwissenschaftlich. In jedem Fall stifteten sie offenbar nicht ganz den Nutzen, der ihm vorschwebe, lamentierte der damals Mitsiebziger.

Paris – ein Fest für die Wissenschaft
„Humboldt réunit toute une académie en lui"

„Diese Stadt ist wirklich eine kalte Sandwüste", schrieb Humboldt im späten Winter 1806/7 aus Berlin an Goethe. „Ich meine nicht nur das für mich als ,Lateinamerikaner' schlimme Klima, nein, das bezieht sich auch auf die abweisenden Menschen. Neulich habe ich mir bei einem „eisigen" preußischen Minister sogar Rheuma an der linken Schulter geholt. Wie gut, dass ich vor Berlin noch für rund ein halbes Jahr nach Rom zu meinem Bruder Wilhelm reisen konnte. Endlich wieder ein blauer Himmel und dann der Höhepunkt: meine Besteigung des Vesuvs, der kurz vorher am 12. August 1805 ausgebrochen war. Aus Höflichkeit gegen mich, scherzen einige Wissenschaftler. Ich war nach der Eruption sechsmal oben und habe alles vermessen, ein interessanter Vergleich für die lateinamerikanischen Vulkane, wenn der Vesuv auch neben dem Cotopaxi beispielsweise nur wie ein kleiner Asteroid im Schatten des Saturn erscheint.

Mein Leben als Kammerherr König Friedrich III. ist auch nicht gerade rosig, ich muss ständig wie ein schwingendes Pendel in die verschiedenen Schlösser mitreisen und abends den Vorleser spielen. Dabei ist der König oft mürrisch, unaufmerksam und wenig anregend. Napoleon meinte ja nach seinem Sieg bei Jena und Auerstedt, Friedrich III. hätte wegen seiner Uniformbesessenheit besser Schneider werden sollen. Ich frage mich manchmal verzweifelt, ob er nicht ganz Recht hat. Ich fühle mich wirklich ein wenig unter den Trümmern meines besiegten Vaterlandes begraben, so ähnlich wie in meiner Jugend in „ Schloss Langweil". Ach wäre ich doch in den Wäldern am Orinoco geblieben!

Aber was soll ich machen? Was hilft das Stöhnen? Ich bin auf die ordentliche jährliche Leibrente des Königs angewiesen. Das alles bedeutet aber, dass ich meine eigenen Arbeiten nur ab Mitternacht bis in die frühen Morgen erledigen kann".

„Ganz so tragisch kann es doch eigentlich nicht sein", antwortete Goethe prompt: „von den berühmten Salonièren habe ich gehört, wie beliebt Sie dort sind. ,Beweglich wie ein Franzose, voller spannender Hof- und Stadt-Geschichten' und, ich zitiere weiter wörtlich, ,anregend, witzig, aber auch gelegentlich maliziös'.

Natürlich kann ich trotzdem verstehen, dass man in Berlin nicht leben will. Ich persönlich habe mich ja auch immer gedrückt, dorthin zu reisen, habe mir lieber von Zelter berichten lassen."

Vielleicht, dachte Goethe, verhagelten Humboldt ja auch die immer wieder aufflackernden Berliner Gerüchte um seine Vorliebe für Männerbekanntschaften das Salon-Leben. Teilweise habe er die ja sogar selbst geschürt, als er in einem der Salons d'Ésprit einen langen Traum von sich erzählt habe, in dem er schwärmerisch die Frauen in edle Jünglinge verwandelt habe. Dazu trage sicher auch seine oft viel zu enge Bindung an Freunde bei, das erinnere fast an siamesische Zwillinge.

Nach der Niederlage von Jena und Auerstedt wurde der jüngste Bruder des Königs im November 1807 nach Paris entsandt, um über die im Tilsiter Frieden auferlegten erdrückenden Lasten zu verhandeln. Und Humboldt hatte großes Glück und durfte aufgrund seiner Welterfahrung und Beziehungen in der Pariser Gesellschaft den Prinzen zu diesen Verhandlungen begleiten.

Endlich in Paris, der Stadt der Wissenschaft. Daraus sollten rund zwanzig Jahre werden.

Einer der acht auswärtigen Mitglieder der Pariser Akademie der Wissenschaften sei er ja jetzt, dachte Humboldt beschwingt. Und das in dieser Wissenschaftsmetropole, sicher der bedeutendsten der Welt, die ihn mit mehr als offenen Armen empfangen habe. Das werde der Herausgabe seiner Reisewerke mehr als gut tun. Seinen Empfang bei Napoleon müsse er dabei natürlich vergessen, der ihn mit eisiger Kälte, ja mit Hass behandelt habe, wohl aus Eifersucht auf seine erfolgreiche Lateinamerika-Expedition, nahm er an. Napoleons herabsetzende und arrogante Bemerkung „Ach, Sie interessieren sich auch für Pflanzen? Ganz wie meine Frau Joséphine, die ist auch Hobbygärtnerin", werde er so schnell nicht vergessen. Nicht, weil er sich verletzt fühle, sondern weil es eigentlich doch eher ein Bumerang sei, der auf Napoleon zurückfalle.

Natürlich dürfe er die Augen nicht vor den wirklichen Problemen in Paris verschließen: da sei einmal der Gegensatz zwischen französischem Esprit und deutschem Geist, zwischen romanischer Oberflächlichkeit und deutscher Tiefe, schlimmer noch seien ihre nur mechanischen und atomistischen Erklärungsarten der Natur. Das Gefühl, die Phantasie, mit der man die Natur auch betrachten müsse, ihre Vernetzung von allem mit allem, das komme doch viel zu kurz. In Kauf nehmen müsse er auch, dass Frankreich als Kaiserreich eine zentralistische Diktatur mit starker Zensur sei. Von dem revolutionären Geist keine Spur mehr. Schmerzlich auch der durch die französischen Siege aufflackernde Nationalismus in Preußen, besonders in dem engstirnigen Potsdam.

„Du hast ja aufgehört, deutsch zu sein, bist durch und durch pariserisch geworden – und das in dem Feindesland Frankreich," entrüstete sich schon bald sein Bruder Wilhelm. Ein Brief von seinem geliebten Bill, der besonders an Alexander nagte. Ein Trost nur, dass der Weltliterat Goethe das bestimmt nicht so sehe.

Aber sein rapide zunehmender Ruhm unter den französischen Wissenschaftlern besonders aus dem Institut de France half ihm endgültig über diesen Kummer hinweg. Der bekannte Chemiker und Arzt Claude Louis Berthollet brachte es auf den Punkt: „Cet homme réunit toute une Académie en lui". Und Humboldt revanchierte sich und nannte die lateinamerikanische Paranuss „Bertolletia Excelsa". Auf den Pariser Straßen wurde der deutsche Reiseforscher wie ein Wundertier angestarrt. Er kam zwar nicht vom Mond, aber seine Gesteinsproben vom Chimborazo wurden wie Mondsteine bestaunt.

Die gigantische Arbeit an seinen Veröffentlichungen hinderte Humboldt nicht an seinen gesellschaftlichen Aktivitäten. Morgens so zwischen acht bis elf besuchte er regelmäßig junge Wissenschaftler im Quartier Latin in ihren bescheidenen Dachkammern und ließ sich von deren Projekten berichten. Nach stundenlanger eigener Arbeit in der berühmten Bibliothek Richelieu schlug dann die Stunde der Salons, von denen er pro Abend regelmäßig einige besuchte und in denen es schräg zuging.

–„Esta no es mujer, hace de hombre, tiene calzones", kommentierte Humboldts indianischer Bediener, der ihm treu aus Lateinamerika gefolgt war, die bohemienhafte Masche der Gräfin Schlabrendorf, Männerhosen zu tragen. Da konnte Humboldt so richtig loslegen und die pikanten Neuigkeiten unter die Salongesellschaft bringen. Seine kleinen maliziösen Stiche trafen immer ins Schwarze und Teile der Gesellschaft verließen den Salon erst nach ihm, aus Furcht er werde sie zur Zielscheibe machen.

Aber seine Beiträge waren einfach auch zu amüsant und humorvoll:

– Neulich habe ihn ein Prinz gefragt, was er sei.
– Kammerherr habe er geantwortet.
– Weiter nichts? habe der Prinz gefragt.
– Wenn das nicht von Verstand zeuge, witzelte Humboldt.

Als ein Spiritist das Tischrücken verteidigte,

– das sei kein Schwindel, er habe es doch selbst gesehen,

antwortete Humboldt entwaffnend:

– Eben, eben, man sagt doch, der Klügere gebe immer nach.

Und als ihn eine junge kokette Französin, die sich in ihn verguckt hatte, endlich zu fragen wagte, ob er noch nie geliebt habe, da kam die Antwort prompt:

– Aber ja, die Wissenschaft, sie sei seine erste und einzige Liebe und werde es immer bleiben.

In seinem Brief an Goethe vom 3. Januar 1810 wurde dann aber sehr deutlich, dass es hinter der Fassade des Salonlöwen doch ganz anders aussah:

> „Das leere schale Treiben der Pariser Stadt-Gesellschaft gefällt mir immer weniger. Wie sehr sehne ich mich ins Weite und Blaue der großen Natur. Ich plane eine große Reise in Richtung Kap der Guten Hoffnung. Dort werde ich ungefähr ein Jahr arbeiten, es geht mir vor allem um die Meeresströmungen, und dann weiter nach Indien und Tibet aufbrechen. Bei alledem muss ich mich sehr konzentriert um meine Lateinamerika-Veröffentlichungen kümmern. Das geht auch ganz gut, wenn auch meine Stimmung nicht gerade heiter ist. Dass ich in meinen Büchern Natur und Gefühl so eng miteinander verbinde, das habe ich Ihnen zu verdanken. Das ist die Jenaer Schulung, die ich durch Sie erhalten habe. Daher konnte ich gar nicht anders, als Ihnen meine ‚Ideen zu einer Geografie der Pflanzen' zu widmen. Sie können sich vorstellen, wie beglückt ich über Ihre positive Reaktion auf meinen Versuch war, mit meiner anschaulichen Schilderung den Leser zum Miterleben anzuregen."

Einige Jahre später spielte er auch mit dem Gedanken, nach Mexiko auszuwandern und dort ein großes Zentralinstitut der Naturwissenschaften für das freie Amerika zu gründen. Ein Plan, an den sein Bruder Wilhelm von Anfang an nicht glauben konnte. Alexander stelle sich immer die Sachen groß vor, und danach komme nicht die Hälfte heraus, schrieb er an seine Frau Caroline.

Goethes Kontakte zu berühmten Reiseforschern:
„In ferne Regionen versetzen uns die Zeichnungen des Prinzen Wied zu Neuwied"

Goethe beneidete die Reiseforscher, die die Chance hatten, die Welt zu sehen und Neues zu entdecken. Er verfolgte deren Lebenswege genau und löcherte Freunde und Bekannte, um Neuigkeiten über sie zu erfahren, allen voran Ritter von Schreibers, den Naturforscher und Leiter der „KK Hof-Naturalien-Kabinette" in Wien.

– Ein „Lügenland", das sei Brasilien für ihn immer noch, schimpfte der Weimarer Verleger Johann Justus Bertuch, -dieser gigantische Koloss, eigentlich ein Kontinent, könne ja zwar seit der Ankunft des portugiesischen Prinzregenten Johann VI. im Januar 1808 bereist werden, aber die Journalisten jagten dort doch nur Sensationen hinterher und verbreiteten Halbwahrheiten bzw. Märchen.

– Wem sage er das? hakte Goethe bei dem Thema Brasilien interessiert ein, -er habe doch sicher ihre „Querelles" aus den Jahren 1802 und 1803 nicht vergessen. Da sei es ja auch um das Schlechtmachen des Weimarer Theaters durch seine Redakteure gegangen.

– Schon, schon, aber sie hätten sich ja schnell wieder vertragen, er, Goethe, habe ihm danach ja sogar Tipps für Paris mit auf den Weg gegeben: er solle beispielsweise ja nicht mit der Anrede „Madame" sparen, bemerkte der Verleger verschmitzt.

– Aber zurück zu Brasilien, das ihn besonders interessiere: ganz so schlimm sei es mit den Halbwahrheiten doch eigentlich nicht mehr, wiegelte Goethe weiter ab, seit beispielsweise John Mawe Minas Gerais, die Goldprovinz im Hinterland zwischen Rio de Janeiro und Sao Paulo, besucht habe oder Wilhelm von Eschwege dort Direktor der Goldbergwerke sei, er glaube seit 1810.

– Trotzdem die Klischees überwögen doch, beharrte Bertuch, -von „goldener Boden" und „Paradies" bis zu „schauerlicher Wildnis" und

Indianern, die sich wie Tiere benähmen oder die man als „edle Wilde"
idealisiere.
- Aber er kämpfe doch selbst dagegen an.
- Allerdings, mit seinen „Porträts der berühmten Geografen, Seefahrer,
  und Reisebeschreiber oder mit seinen Kinderbüchern. Aber könne man
  sich damit gegen die Zeitungen durchsetzten?
- Ein Stück weit schon. Die Situation werde sich aber sprunghaft mit Veröffentlichung der Reisebücher von John Mawe, Wilhelm von Eschwege,
  des Prinzen Wied zu Neuwied oder der österreichischen Expedition um
  die Prinzessin Leopoldine bessern, Spix und Martius nicht zu vergessen,
  die ja spätestens 1817 starten wollten.
- Hoffentlich, seufzte Bertuch, dem Goethe auch nahestand, weil er
  mit seinem ehemaligen „Blumenmädchen", Christiane Vulpius, lange
  zusammen gelebt, schon seit 1789 ein Kind hatte und seit 1806 ver-
  heiratet war. Christiane arbeitete nach Goethes Rückkehr aus Italien
  1788 in Bertuchs Fabrik für Kunstblumen. Sie hatte den Dichterfürsten
  im Park an der Ilm angesprochen, um ihn um Hilfe bei der Stellensuche
  für ihren Bruder Christian August zu bitten. Mit Erfolg für sich und
  für den Bruder, zunächst bei dem Leipziger Buchhändler Göschen, später in der herzoglichen Bibliothek in Weimar. Sein Unterhaltungsroman
  „Rinaldo Rinaldini, der Räuberhauptmann" machte ihn dann sogar
  richtig bekannt.

Die Gedichte Johann Peter Eckermanns hatten Goethe so gut gefallen,
dass er den armen und stellenlosen jungen Mann im Juni 1823 zu einem
Gespräch zu sich einlud. Der Funke zwischen dem vielversprechenden rund
Dreißigjährigen und dem vierundsiebzigjährigen Dichterfürsten sprang
sofort über und Eckermann wurde schnell sein „geprüfter Haus- und See-
lenfreund", der immer mehr editorische und organisatorische Arbeiten für
Goethe übernahm. Der vertraute ihm so stark, dass er ihn Jahre später
seinem Sohn August als Begleiter auf dessen Italienreise mitgab und ihn
kurz vor seinem eigenen Tod zum Hauptherausgeber seines literarischen
Nachlasses gegen Gewinnbeteiligung machte.

- Doch, seine Gedichte hätten was, er werde sie Cotta zur Veröffentlichung empfehlen, wandte sich Goethe väterlich an den jungen Besucher.

Eckermann blühte auf und wollte seinen Ohren nicht trauen.

– Jetzt müsse er sich aber noch was anderes anhören, einen Leckerbissen: „Seidene Fräcke und Mönchskutten, französische Spitzen und die Unterröcke der Sklavinnen rieben sich in der traumhaften Stadt", zitierte Goethe pathetisch und mit entsprechenden Gesten. -Das sei doch reinste Erotik, oder?
– Wo denn diese „Walpurgisnacht" spiele? traute sich Eckermann nur zu fragen.
– In Rio de Janeiro, er lese gerade den Reisebericht von Prinz Maximilian Wied zu Neuwied ---
– Die Expedition habe doch Cotta in seinem „Morgenblatt für gebildete Stände" bereits 1815 angekündigt, warf der junge Gast spontan und glücklich ein, einen Anknüpfungspunkt gefunden zu haben.
– Genau, Alexander von Humboldt habe ihm Brasilien als Ziel empfohlen, das habe der ja vor 1808 nicht besuchen können.
– Und das Reisewerk sei jetzt erschienen?
– Schon 1820. Er lese es gerade wieder, die Zeichnungen seien phantastisch und entführten den Leser in diese Traumwelt.
– Wenn er sich richtig erinnere, habe der Prinz doch die Ostroute in Richtung Amazonasmündung gewählt?
– Exakt. Und er sei mit seiner Kritik nicht zimperlich. Er unterscheide zwischen den unzivilisierten Wald-Indios und den „entwilderten" Küstenindianern. Diese würden von den Kolonisatoren misshandelt und tyrannisiert. Die Folgen seien klar: Sauflust, Unredlichkeit und Faulenzerei.
– Dann trügen ja die Europäer im Grunde Mitschuld an dieser Situation?
– Zweifellos, deren Sicht sei viel zu eurozentrisch!
– Das sei ja auch ein wenig der Fall bei dem großen Alexander, der habe doch auch gegen den Willen der Indianer deren Skelette geraubt? wagte Eckermann anzumerken.
– Ganz richtig, er habe sogar einen Schädel an seinen alten Lehrer in Göttingen, an Prof. Blumenbach, geschickt, den habe er mit eigenen Augen bei seinen Besuchen in Göttingen gesehen. Später habe Humboldt aber seinen Fehler eingesehen.
– Habe nicht bei Blumenbach ---

- Übrigens ein Ausnahme-Wissenschaftler, keiner von den engstirnigen und schmalbrüstigen, die von der Fußnotenpolizei in Schach gehalten würden, unterbrach Goethe zufrieden.
- Habe bei dem nicht Wilhelm von Eschwege studiert? Eckermann war jetzt in seinem Element.
- Das wisse er auch? Goethe schaute seinen Gast immer interessierter an. Übrigens seien die beiden Humboldts ebenfalls dessen Schüler. Aber zu Eschwege: der habe ab 1803 im Bergbau in Portugal gearbeitet und sei dann ab 1810 Direktor der Goldbergwerke in Minas Gerais geworden. Er werde ja heute als „Vater der brasilianischen Geologie" bezeichnet.
- Habe Eschwege ihn nicht bereits besucht?
- Viele Male. Er habe ihm für den Herzog brasilianische Diamanten zum Kauf angeboten. Auf seine Bitte hin habe er ihm auch brasilianische Münzen für seine Sammlung geschickt.
- Ob er ihm die zeigen könne?
- Und wie gerne! Goethe war schon unterwegs zu seinem heiß geliebten Münzkabinett, an dem man nicht so schnell vorbeikam, wenn man nur das kleinste Interesse zeigte. Goethe kam so richtig in Fahrt und vertraute seinem jungen enthusiastischen Gast das erste Geheimnis an:
- Bereits um die Jahreswende 17/18 sei ihre Brasilienbegeisterung so groß gewesen, dass sein Herzog geplant habe, einen eigenen Reiseforscher nach Brasilien zu schicken. Dr. Thienemann sollte mit dem preußischen Gesandten Flemming nach Rio aufbrechen.
- Das sei ja rasend interessant, feuerte Eckermann seinen Gastgeber an.
- Dazu beigetragen hätten natürlich die langwierigen Vorbereitungen Metternichs für die österreichische Brasilien-Expedition, die Leopoldine 1817 begleitet habe. Über die sei er regelmäßig von ihrem Koordinator Ritter von Schreibers, dem Leiter der Wiener Hof-Naturalien-Kabinette, informiert worden.
- Warum denn daraus nichts geworden sei? wollte Eckermann neugierig geworden wissen.
- Ihre Anträge seien im bürokratischen Dschungel des Berliner Auswärtigen Departments verlorengegangen, wie so oft, bedauerte Goethe. -Apropos Eschwege: Er könne ihm übrigens auch das Reisebuch von diesem Forscher aus seiner Bibliothek ausleihen. Das sei ja bereits 1818 erschienen. Eschwege sei auch bei seinem letzten Besuch im Frühjahr

1822 nach Wien weitergereist, weil er einen Brief von Kaiserin Leopoldine aus Rio für ihren Vater, Kaiser Franz I. von Österreich, im Gepäck gehabt habe, natürlich mit neuesten Informationen über die österreichische Expedition.

Bei der Lektüre des Palmenbuchs von Karl Friedrich Philipp von Martius fühlte sich Goethe in Brasilien „anwesend und einheimisch", ja sogar „in der anmutigsten Gesellschaft". Seine Rezension war eine einzige Lobeshymne, das Buch rege „Kenntnis, Einbildungskraft und Gefühl" gleichzeitig an. Alexander von Humboldt hatte es schon auf den Punkt gebracht und geschrieben: „Solange man Palmen nennt und Palmen kennt, wird auch der Name Martius mit Ruhm genannt werden". Und der erste Besuch dieses großen Reiseforschers bei Goethe stand 1824 unmittelbar bevor.

Martius und sein Kollege Johann Baptist von Spix hatten ihre Brasilien-Expedition von 1817 – 1820 durchgeführt, zunächst zusammen mit dem österreichischen Wissenschaftler-Kreis der Prinzessin und späteren brasilianischen Kaiserin Leopoldine. Nach der Trennung von den Österreichern erkundeten sie zunächst Minas Gerais und wandten sich dann nach Norden in Richtung Belém. Von der Amazonasmündung führte dann ihr Weg über Santarem und Manaus flussaufwärts. Spix kämpfte sich über den Solimoes bis nach Peru vor und Martius erreichte über den Yapuré das Vizekönigtum Neu-Granada.

– Warum sie sich denn von den Leopoldine-Leuten getrennt hätten, wollte Goethe neugierig wissen, der von dem Koordinator der Österreicher ständig über deren Reise informiert worden war, aber über diesen Aspekt nichts gehört hatte.
– Ganz einfach, es habe zwei Gründe gegeben: die österreichischen Forscher hätten sich endlos über ihre Route gestritten und die Gesandtschaft in Rio habe sich kaum um sie gekümmert. Leopoldine habe als frischgebackene Frau des Kronprinzen Pedro ihre Gedanken natürlich auch ganz woanders gehabt.
– Eigentlich schade, aber ihre Route sei ja sehr interessant gewesen, besonders der Amazonas-Teil. In der Indianerfrage, der Unterscheidung zwischen „aldeirten" und „wilden" Indios, stimme er ja mit Wied überein ---

- Sogar hundert Prozent, die „Zivilisierten" seien durch die Kolonialherren, wie solle er sagen, -charakterlich „verbogen" worden. Sie seien
schon sehr hinterlistig, im Gegensatz zu den Waldindianern.
- Trotzdem habe er zwei mit nach München genommen ---
- Ja, Juri und Mirañha ---
- Die hätten sich ja bei ihren verschiedenen Dialekten noch nicht einmal
untereinander verständigen können, geschweige mit der Hofgesellschaft
in München.
- Nein, leider nein, räumte Martius zögernd ein. – Sie seien auch nur für
kurze Zeit Mittelpunkt gewesen, dann sei der Rummel bald abgeflaut.
- Sie starben ja auch schnell an Lungenentzündung? ergänzte Goethe.
- Bedauerlicherweise. Johann Baptist Stiglmeier habe das sehr schön auf
der von ihm gestalteten Grabplatte ausgedrückt: der eisige Nordwind
fege dort das nur mit einem Lendenschurz bekleidete junge Indianerpär-
chen gnadenlos weg.
- Vielleicht als Ausdruck der Reue, die Beiden verpflanzt zu haben?
- Das glaube er schon, sie hätten wirklich alle dazugelernt und man müsse
von der eurozentrischen Sicht loskommen, gab Martius zerknirscht zu.

„Ich entließ ihn ungern" vertraute Goethe nach Martius Rückreise in
Richtung München seinem Tagebuch an. Die Gespräche waren einfach zu
fruchtbar gewesen, auch wenn sie nicht immer einer Meinung waren. Ob die
Menschheit nur von Adam und Eva oder von mehreren Paaren abstamme,
darüber hätten sie sich ja ein bisschen gerauft, kicherte Goethe in sich hinein. Der bibeltreue Martius sei natürlich für Adam und Eva eingetreten. Er
nicht. Er glaube vielmehr fest daran, dass sich die Menschheit von vielen
Urvätern ableite, wenn die auch auf einen Grundbauplan zurückgingen,
und dass darauf aufbauend vor allem Boden und Klima prägend auf die
individuelle Typenbildung wirkten. Daher sei auch Toleranz so bitter nötig.

Ende Dezember 1826 sprach sich der Tod von Kaiserin Leopoldine wie
ein Lauffeuer in Europa rum, über die Todesursache wurde hinter vorge-
haltener Hand getuschelt, ihr Mann sei mitbeteiligt, habe sie misshandelt.
Goethe, der Leopoldine 1810 in Karlsbad kennengelernt hatte, schrieb
sofort an seinen Kontaktmann in Wien, Ritter von Schreibers:
„Warum kann ich nicht an Ihrer Seite in Wien sein, wenn Teilnehmer
Ihrer Expedition berichten"? begann er diplomatisch seinen Brief. „Ich

hoffe, die weiteren Auswertungen gehen gut voran. Vielleicht schicken Sie mir bald weitere Ergebnisse". Schnell kam er aber dann zu seinem Hauptanliegen, dem Unglück Leopoldines:

> „Über das Schicksal der Kaiserin wird hier unablässig gerätselt. Es wird immer wieder erzählt, dass sie zu Beginn ihrer Ehe eine so gute Meinung von Pedro gehabt und ihn ihrer Lieblings-Schwester Marie Luise gegenüber sogar als ‚Adonis bezeichnet habe, der sie noch ganz närrisch mache'. Er hat sich ja dann schnell eine Konkubine genommen, Domitília, die er später adelte und mit der er mehrere Kinder hatte. Hier hält sich hartnäckig das Gerücht, Pedro habe im Streit seiner schwangeren Frau in den Bauch getreten und diese sei dann nach einigen Tagen gestorben. Wie ist die Lage in Wien? Gibt es dort ähnliche Ondits"?

Goethe hatte noch eine andere Frage an Herrn von Schreibers: wie es denn dem Zoologen Johann Baptist Natterer gehe, der sei doch als einziger in Brasilien geblieben, während der Leiter, der Botaniker Mikan, und auch der Mineraloge und Pflanzenexperte Pohl bzw. die beiden Maler Thomas Ender und Johann Buchberger nach Wien zurückgekehrt seien.

Der spiele zur Zeit in Mato Grosso mit der Idee, sich der Expedition Georg Heinrich von Langsdroffs anzuschließen, des Weltumseglers und russischen Generalkonsuls in Rio de Janeiro, kam die prompte briefliche Antwort. Ein Bescheid, der mit dem Namen Langsdorff unangenehme Erinnerungen in Goethe weckte, weil der Geologe, Salineninspektor und spätere Heidelberger Professor Karl Christian von Langsdorf seine Farbenlehre stark kritisiert, ja lächerlich gemacht hatte. Schon der Titel dieser Besprechung kündigte das Programm an: „Über Newtons, Eulers, Kästners und Konsorten Pfuschereien in der Mathematik". Das war für den Dichterfürsten unverzeihlich, der von seiner Farbenlehre sogar mehr hielt als von seiner Literatur und glaubte, er sei unter Millionen der einzige, der zu diesem großen Naturgegenstande das Rechte wisse. So äußerte er sich jedenfalls einmal gegenüber Eckermann und beschimpfte ihn als „Ketzer", als er an einigen Aspekten kleine Zweifel äußerte. Dass sich der Geologe Langsdorf nur mit einem „f" schrieb und nicht mit dem Reiseforscher verwandt war, schien dabei keine Rolle zu spielen.

Das vorletzte Treffen Alexander von Humboldts mit Goethe im Dezember 1826 in Weimar
„Der Himmel ist leer"

– Er möchte seine „unordentlich-ordentliche", ja zigeunerhafte Wohnung entschuldigen, begrüßte Goethe seinen Besucher Alexander von
  Humboldt, – aber prächtige Zimmer seien eher für Fürsten und Reiche
  gedacht, die fühlten sich dort ruhig und wollten wohl nichts weiter ---
– Nichts für ihre Naturen, bekräftigte der Naturforscher, -dazu seien sie
  viel zu unruhig.

Ob der matt wirkende und fast zahnlose recht korpulente siebenundsieb-
zigjährige Dichter wirklich noch sehr beweglich sei, daran müsse man
große Zweifel haben, dachte Humboldt. Dagegen spreche doch auch sein
Herzinfarkt im Jahre 1823, als „der Tod in allen Ecken um ihn gestanden habe", so habe Goethe seinen Infarkt ja empfunden und beschrieben.
Jedenfalls habe auch sein damaliger verzweifelter Verjüngungsversuch mit
seiner späten Liebe zu der blutjungen und hübschen Ulrike von Levetzow
nicht viel gebracht. Ganz im Gegensatz zu dem Anti-Aging-Programm seines Faust in der Hexenküche. Bei dem habe ja die Rückstellung auf jung
und „anything goes" geklappt. Die charmante Ulrike sei eben keine Hexe,
lächelte er in sich hinein.

– Was sei das für eine tolle Zeit gewesen, damals in ihrer Jenaer Akademie,
  einer seiner lichtesten Lebensmomente, fuhr Goethe versonnen fort.
– Oh ja, glückliche Stunden voller neuer Erfahrungen hätten sie da miteinander verlebt. Er werde nie die Güte vergessen, mit der er ihn, einen
  doch noch sehr jungen und unerfahrenen Bergrat, behandelt habe.
– Anders hätte er gar nicht reagieren können. Sein Enthusiasmus habe
  doch alle mitgerissen.
– Wie es ihm denn ginge, gesundheitlich? Er müsse sich doch keine Sorgen
  machen?

– Hofrat Vogel, Herzog Carl Augusts und sein neuer Leibarzt, habe im Sommer in Weimar angefangen, ihn auf eine gesündere Diät gesetzt und tägliche Bewegungen, mäßige natürlich verschrieben.

Humboldt musste ein Lächeln unterdrücken. Sein Bruder hatte ihm nämlich geschrieben, dass Goethe immer noch ziemlich viel esse, oft schon vormittags mit einem großen Glas Wein beginne und am Weihnachtstag dazu so viel Napfkuchen gegessen habe, dass ihm fast schlecht geworden sei. Gekrönt habe er dann abends alles mit einer ungeheuren Portion Gänsebraten und einer Flasche Rotwein.

– Und das bekomme ihm ganz gut, machte sich Goethe vor.-Überhaupt passiere bei ihnen einiges auf medizinischer Ebene: der Weimarer Dr. Rehbein sei gerade Eschweges Hinweis auf die „Raiz Preta", die schwarze Wurzel, nachgegangen und habe diese an Wassersüchtigen ausprobiert, leider ohne Erfolg ---
– Und das Gutachten des Bonner Biologen über diese Wurzel, Nesebeck heiße der Forscher wohl? ---
– Sei leider sehr weitschweifig, und komme auch zu keinem positiven Ergebnis. Übrigens, Goethe änderte das Thema, -er komme in letzter Zeit sogar immer wieder in eine „wiederholte Pubertät", in frische und produktive Momente und das sei für sein Alter alles andere als selbstverständlich.
– Eine willkommene Auffrischung, bestätigte der Naturforscher. -Apropos Verjüngung. Was habe denn Prinz Bernhard von seiner Reise in die Neue Welt berichtet, er sei doch schon einige Monate aus den Vereinigten Staaten zurück und er, Goethe, habe doch zur Begrüßung das Gedicht. „Dem glücklich bereichert Wiederkehrenden" im „Morgenblatt" veröffentlicht.
– Das sei ein erfahrener Reisender, das zeige schon sein amerikanisches Reisejournal ---
– Sei er nicht schon vorher in Rom, England, Irland und Schottland gewesen? fragte Humboldt interessiert.
– Doch, aber besonders sein amerikanisches Tagebuch weise ihn als Reiseprofi aus, der keine unnötigen Schritte tue, der als Welt- und Lebemann auf internationalen Bällen ebenso zu Hause sei wie im Miltärwesen und keine Unbequemlichkeiten scheue.

– Und sein Eindruck über die Staaten?

Humboldt stand Thomas Jefferson, die amerikanische Unabhängigkeitserklärung und seine Agrarrepublik wieder vor Augen, auch Jeffersons Ablehnung von Großstädten und unseriös und unethisch arbeitenden Banken.

– Bernhard habe das Leitmotiv Franklins übernommen: „where liberty dwells, there is my country", stöhnte der alternde Dichter.
– Also halte er Europa für veraltet und morsch?
– Und wie! Er habe sich offensichtlich, so wie Jefferson auch, Voltaire's Bild zu eigen gemacht, dass Europa aus „Hammer und Ambos" bestehe: oben der Adel und die Reichen und unten als Amboss das Volk. Er spiele sogar mit dem Gedanken, sich ganz in Amerika anzusiedeln oder wenigstens, seinen Sohn in Harvard studieren zu lassen.
– Vielleicht nur „Jugendsünden", wiegelte Humboldt ab. -Als jüngerer Mann habe ja auch er, Goethe, nach Nordamerika gehen und den ganzen europäischen Kultur- und Wissensbalast hinter sich lassen wollen.
– Wohl wahr, pflichtete Goethe bei, -aber selbst wenn er heute noch so dächte, er käme in Nordamerika zu spät, das habe sich ja stark gewandelt. Nur nicht in der leidigen Sklavenfrage der Südstaaten.
– Das Problem habe ihn ja auch an seiner Bewunderung für die Staaten zweifeln lassen, gestand Humboldt.
– Bernhard beziehe aber keine klare Stellung zur Sklaverei: das stehe ihm als Ausländer nicht zu, da fehlten ihm ausreichende Einsichten. Obwohl er selbst einen schlimmen Fall in New Orleans erlebt habe.
– Was denn da passiert sei? wollte Humboldt wissen.
– In seinem Guesthouse habe ein junges schwarzes Zimmermädchen morgens einem Spanier zu spät das Waschwasser gebracht, nahm Goethe den Faden wieder auf. -Der habe ihr deshalb ins Gesicht geschlagen und sie sich gewehrt. Daraufhin habe ihr Lover, auch ein schwarzer Sklave, ihr auf Anordnung der Besitzerin sechsundzwanzig Peitschenhiebe geben müssen. Unglaublich diese Entwürdigung!

Humboldt traf die Erzählung bis ins Mark, zu gut erinnerte er sich daran, dass er auch nicht gegen Jeffersons Sklavenhalterei auf seinem Mustergut Monticello protestiert hatte, von den Südstaaten ganz zu schweigen.

– Man müsse dem Gang der Epoche abwartend zusehen und dürfe nicht
  blind auf Grundsätzen beharren. Sie sollten die Kaiser regieren lassen, er
  denke gerade an den vor kurzem inthronisierten Zaren Nikolaus I. und
  seine Beibehaltung der Leibeigenschaft, und sich um sich selbst kümmern, fuhr Goethe bedächtig fort. -Das praktiziere er im Grunde doch
  auch, als Vorleser des Preußischen Königs?
– Das sei ein Spagat und was für einer, das müsse er schon zugeben. -Dazu
  teuer erkauft, die Abende bei Friedrich Wilhelm III. seien oft richtig
  trostlos und passten zu der Berliner „Sandwüste" ---
– Und das bei seiner doch stark republikanischen Gesinnung, da sei sein
  Berliner „Doppelleben" wirklich schwierig, tröstete Goethe den „Hof-
  narren".
– Es könne ja eigentlich nur besser werden, er denke beispielsweise an
  die Entwicklung der República de Colombia, der Vereinigung von Neu
  Granada und Venezuela unter dem Präsidenten Bolivar ---
– Gut, vor einiger Zeit sei ja auch noch die Provinz Quito beigetreten,
  aber Bolivars Einmarsch in das Vizekönigtum Peru und der lange Krieg
  seien doch ein sehr hoher Preis für dessen Anschluss, warf Goethe ein.
– Allerdings, man müsse abwarten, ob die sansculottischen Kräfte nicht
  doch zu stark würden und Bolivar zur Realpolitik finden könne, er
  kenne den „Romantiker" ja aus seiner Pariser Zeit zur Genüge ---
– Die „Jakobiner" beobachte er auch in Deutschland, selbst in Weimar,
  klagte Goethe, da könne viel kaputtgehen.

Die Beiden wechselten in Goethes Studierzimmer und schauten sich Harz-
zeichnungen von Georg Melchior Kraus an, die ausgebreitet auf dem
Arbeitstisch lagen, ganz oben die Einhornhöhle des Malers. Kraus hatte
Goethe schon in Frankfurt Zeichenunterricht erteilt und war der erste Leiter
der freien fürstlichen Zeichenschule in Weimar.

– Die Einhornhöhle habe es ihm besonders angetan, die habe er 1784
  zusammen mit dem Maler besucht, erklärte Goethe.
– Bestimmt wegen der „Blauen Grotte" mit ihrem blau-nebligen Sonnen-
  licht, meinte Humboldt scherzhaft, der um Goethes Vorliebe für Blau
  wusste.
– Ja, aber auch wegen der vielen Tierknochen, die seit der Eiszeit dort
  verendet seien, der Höhlenbär, Höhlenlöwe oder Wolf---

– Von dem sagenhaften Fabelwesen, dem Einhorn, habe er doch bestimmt keine Spuren mehr gefunden?
– Natürlich nicht, darum habe man sich lange gerissen, weil man die Knochenreste als Heilmittel verwendet habe.
– Ein Tanz auf dem Vulkan sei seine Harzreise doch nicht gewesen oder habe damals noch das Gerücht von dem vulkanischen Ursprung des Brocken kursiert?
– Das habe man schon noch gehört, ja, ja, der Brocken bestehe jedoch aus Granit-Gestein und habe nichts mit Vulkanen zu tun.
– Aber den Atem des Vulkanismus müsse er doch in dem böhmischen Bäderdreieck „Franzensbad, Karlsbad und Marienbad" gespürt haben? insistierte Humboldt.
– Das ja, stark sogar, ganz besonders vor drei Jahren in Marienbad. Das habe aber weniger an den dortigen Basaltkegeln und Feuerbergen oder dem aus vulkanischer Tiefe empordringenden warmen Quellwasser gelegen als an seiner Altersliebe zu der jungen Ulrike von Levetzow.

Lieber dieses Geständnis als auf Humboldts wunderliche Ansichten über Vulkane eingehen, sagte sich der Dichterfürst. Es habe einfach keinen Zweck, dem überzeugten Plutonisten Humboldt klarzumachen, dass er kein Knie vor Baal, dem Erd-Erschütterer, beuge, dass er gegen das Heben und Schieben, Brennen und Sengen moderner Geologen sei. Diese vulkanischen Apostel werde er noch mit einigen Xenien schändlich blamieren, wenn sie es zu toll trieben.

– Ulrike von Levetzow? Sei das nicht die Tochter des mecklenburgisch-schweriner Kammerherrn Joachim Otto Ulrich von Levetzow? Humboldts maliziöse Seite, die aus seinen berühmten Salon-Plaudereien hinlänglich bekannt war, gewann die Oberhand.
– Allerdings, Amalie, ihre Mutter habe aber nach der Scheidung den jüngeren Cousin des Kammerherrn geheiratet.
– Und seine Verliebtheit sei damals wirklich „vulkanisch" gewesen?
– Explosiv nicht, wehrte der alternde Dichter geschmeichelt ab, aber schwärmerisch, das ja. Es habe ja schließlich weit mehr als zwei Jahre gedauert ---
– Im feuerspeienden Marienbad? schmunzelte Humboldt.

– Genau da, von Ende Juli 1821 und dann in den Folgesommern. In der ersten Zeit habe er seine Zuneigung eher für eine väterliche Liebe gehalten und den Papa gespielt. „Ach hätte ich doch einen Sohn", habe er Ulrike gestanden, „dann müsste der Sie heiraten". Also da sei noch nichts „Feuerspeiendes" im Spiel gewesen. Im Gegenteil, sie hätten täglich ruhige Spaziergänge gemacht, auf denen er Ulrike die „Lehrjahre" erzählt habe, damit sie die „Wanderjahre" besser verstehen lerne. Mit seiner geognostischen Leidenschaft habe sie dagegen gar nichts anfangen können, da habe er schon ein Pfund Schokolode zwischen den Steinen verstecken müssen, die er ihr habe erklären wollen.

– Ganz natürlich bei jungen Mädchen, das sei ihm auch in Quito passiert. Da habe Rosa Mantúfar seine Vulkanbesteigungen auch nicht verstehen können. Zumindest müsse er sich doch zwischen schönen Frauen und Vulkanen teilen, das sei sogar die Meinung ihres Vaters gewesen, stimmte der Reiseforscher zu.

– Um die Jahreswende 22/23 sei es dann passiert: ein Traum habe ihm offenbart, dass Ulrike für ihn unentbehrlich geworden sei, dass er sich nicht mehr von ihr freimachen könne.

– Und wie sei es dann weitergegangen? feuerte Humboldt den nostalgischen Goethe an.

– Er habe die Levetzows im Sommer 23 erst in Marienbad und dann in Karlsbad wieder getroffen. Eine glänzende Zeit, voller Bälle, Gesellschaftsspiele und Spaziergänge. Selbst er habe jeden Abend mitgetanzt.

– Und seine Familie, habe die nichts gemerkt?

– Doch, selbst seine Enkel hätten sich über seine Ball-Schwärmereien mokiert und August habe den Pickierten gespielt. Die Badegäste hätten sich damals über die Hörigkeit von Ulrike lustig gemacht, die hänge ja nur an seinen Lippen und sie seien unzertrennlich.

– Wie unangenehm, aber so seien eben die Menschen.

– Die hätten ja nicht ganz unrecht gehabt. Dass auf sein Bitten hin der Herzog Carl August als Brautwerber aufgetreten sei, habe sich bestimmt auch rumgesprochen.

– Wie habe denn Ulrike und ihre Familie darauf reagiert?

– Eher abwartend. Zunächst schienen sie es für einen Scherz zu halten, dann aber hätten sie es ernsthaft erwogen und um Zeit gebeten. Ulrike

habe sehr geschwankt, habe aber auch seine eigene Familie nicht aus-
booten wollen ---
– Da sei er ja auf die Folter gespannt worden!
– Habe er eigentlich nicht so empfunden, er habe sich in dem böhmischen
Zauberkreis eher rundherum glücklich gefühlt. Zu seinem Geburtstag
habe die Familie Levetzow ihm sogar einen Efeukranz geschenkt ---
– Doch sicher als Symbol der Freundschaft, ergänzte der gespannt zuhörende Humboldt.
– Richtig, dazu habe er noch einen bildschönen Becher bekommen, mit
den Namen der drei Levetzow-Schwestern eingraviert.
– Da hätte es doch auch der eine getan, stichelte Humboldt.
– Dann seien die „Schönen Tage von Aranjuez" endgültig zu Ende gegan-
gen, das bedaure er selbst heute noch. Wie tief er empfunden habe zeige
auch sein Brief, den er zwei Jahre später an Ulrikes Mutter Amalia
geschrieben habe: ganz sicher seien sie vor ihm nicht, er käme sie und
ihre Töchter ---
– Gemeint sei natürlich nur die eine gewesen, frotzelte Humboldt wieder.
– Er würde die wunderbare Levetzow Familie so gern für einige Tage in
Marienbad besuchen. Er gehe schon in Gedanken mit Ulrike auf der
Terrasse und im Garten hin und her. Das würden Festtage werden so wie
früher. Abhalten würden ihn im Moment nur die Vorbereitungen für das
fünfzigjährige Regierungsjubiläum seines Herzogs ---
– Eine wirklich bitter-süße Geschichte. Womit er sich denn nach der Tren-
nung 1823 getröstet habe?
– Mit der großartigen Pianistin Marie Szymanowska, die habe ihn mit
ihrem Piano betört und in den Strudel der Töne gerissen, da habe er das
„Doppelglück der Liebe und der Töne" kennengelernt. Sie sei wirklich
eine Frau, die Genüsse, die man immer ahne und immer entbehre, ver-
mittele. Die Gewalt der Musik habe er da wie noch nie empfunden, sie
habe ihn wie eine geballte Faust entfaltet.
– Und wie sei es weitergegangen?
– Er habe bereits auf seiner Rückreise von Marienbad geahnt, dass das
mit der Heirat nichts werde und habe schon in der Kutsche mit seinen
„Marienbader Elegien" begonnen.
– Das werde wohl eine lyrische Klage auf die unerfüllte Liebe?
– Ganz so sehe es aus. Als Motto habe er vor, den Elegien voranzustellen:

„Und wenn der Mensch in seiner Qual verstummt,
Gab mir ein Gott zu sagen, was ich leide".

– Ein wirklich erzählenswertes mitreißendes Erlebnis, Humboldt war voller Mitgefühl und machte eine Pause. -Apropos Gott. Der bringe ihn auf die Diskussion rund um seine „Metamorphose der Pflanzen".
– Die sei ja auch von Erasmus Darwin bestätigt worden, der für seine „Zoonomia" (1794–96) und sein „Temple of Nature" (1803) von der Kirche hart kritisiert worden sei, ging Goethe auf eines seiner Lieblingsthemen ein.
– Kein Wunder, leite er doch die Entwicklung der Menschheit aus niederen Lebensformen ab ---
– Aus mikroskopisch kleinen Muscheln ---
– Und der Stammbaum sei rekonstruierbar ---
– Dann sei doch die spannendste Frage, ob und wenn ja, welches Urphänomen dahinterstehe, fügte Goethe fast atemlos hinzu.
– Allerdings, aber da kämen sie der Schwelle des Unerklärlichen immer näher, warnte Humboldt, der jetzt ganz in seinen Erkenntnissen aufging.
– Leider, seufzte Goethe und fand wieder auf den Boden der Realität zurück: sie sollten besser keine Prophezeiungen machen und sich bescheiden. Bis zur Urpflanze ---
– Und dem Urtier, ergänzte Humboldt schnell.
– Bis zu diesem Grundbauplan könnten sie gehen ---
– Und dahinter besser nichts suchen.
– Der Mensch sei wie das Tier. Das Rätsel sei bei Tieren nur schwerer zu lösen, da sich der Mensch durch Sprache offenbare, reflektierte Goethe.
– Bei Menschen gebe es aber nur eine Gattung, bei Tieren viele Arten, die Vierfüßler, die Vögel, die Insekten ---
– Vielleicht seien sogar alle Tierarten im Menschen enthalten? wagte Goethe zu fragen. -Er denke da an seine Entdeckung des Zwischenkieferknochens auch beim Menschen, der doch eigentlich beweise, dass Mensch und Tier miteinander verwandt seien, dass der Mensch, die Krone der Schöpfung, nichts als ein weiterentwickeltes Tier sei.
– Dann könne es keine Konstanz gottgeschaffener Arten geben ---

– Eben, dann sei der Himmel leer, brachte es Goethe leicht erblassend auf den Punkt.

Am nächsten Tag wartete Goethe ungeduldig auf Humboldt und schwärmte bei seinem Sekretär Eckermann von ihm:

– Was das doch für ein großer Mann sei. Dem könne so schnell niemand das Wasser reichen. Er gleiche einem Brunnen mit vielen Röhren, aus denen uns sein unerhörtes Wissen entgegen ströme. Er habe schon so viel von ihren gemeinsamen Gesprächen gelernt, besonders gestern als es um die Evolution von Pflanzen und Tieren gegangen sei.

– Ob er auch schon davon gehört habe? stürmte Humboldt das Studierzimmer, – Georg Heinrich von Langsdorff sei bereits seit rund einem halben Jahr von Porto Feliz westlich von Sao Paulo in Richtung Amazonas unterwegs und bereits in der Nähe von Cuiabá, der letzten Stadt vor der gigantischen und geheimnisvollen Wildnis, die er weiter auf Flüssen bis zu dem legendären Strom durchqueren müsse. Der Amazonas, was für ein Weltwunder, er habe ihn ja damals nicht befahren dürfen.

– Aber immerhin sei er ja ganz nahe dran gewesen, eiferte sich Goethe, -er habe ja schließlich den Casiquiare zwischen dem Orinoco und dem Rio Negro, der in den Amazonas fließe, vermessen. Und wer sei schon Langsdorff?

– Ein sehr fähiger und selbstbewusster Forschungsreisender, der sich mit ihm, dem „großen Alexander", so habe er ihn bezeichnet, vergleiche, erklärte Humboldt.

– Das sei doch mehr als anmaßend, er habe eigentlich noch nie etwas über ihn gehört, nahm Goethe, dem gar nicht mehr wohl in seiner Haut war, den Ball auf.

– Wie das? Er müsse doch in Wied's Reisebeschreibung über ihn erfahren haben, dort werde er ja mit Namen zitiert, oder von Herrn von Schreibers und natürlich von Martius, der ja von dem Baron bei seiner Festlegung der Expeditionsstrecke in Rio de Janeiro beraten worden sei und der dabei seinen ersten Indianer aus dem menschenfressenden Stamm der Botocuden kennengelernt habe. Überhaupt sei Langsdorff „die" Anlaufstelle für alle Europäer in Brasilien, seit er dort ab 1813 als russischer Generalkonsul residiere.

– Könne schon sein, dass er mal was von ihm gehört habe, aber nichts Genaueres, wehrte der Dichterfürst ab. Wie froh er war, dass Humboldt nicht auf seine Verbindung zu dem Zarenhaus anspielte, darauf, dass er seit 1804 eine wunderbare Beziehung zu der Kronprinzessin Maria Pawlowna, der Frau des Erbprinzen Friedrich, hatte und auch Zar Alexander I und dessen Frau Elisabeth Alexejewna kannte. Verbindungen, die den Namen Langsdorff, des russischen Generalkonsuls in Rio de Janeiro, nahelegten.

– Visionär, ein großartiger sogar, sei der Forschungsreisende in russischen Diensten. Er habe schon empfohlen, die Hauptstadt von Rio de Janeiro in das Landesinnere zu verlegen, damit die Abgeordneten aus den entlegenen Regionen nicht so weite Wege hätten. Er habe sich auch vehement gegen die ausgedehnte Brandrodung und die ausufernde Goldsuche ausgesprochen, die die Landschaft auf Jahrzehnte ruinierten, begeisterte sich Humboldt. -Man könne ihm nur Glück wünschen, hoffentlich komme er in einigen Jahren gesund zurück.

– Welche Zeichner ihn denn begleiteten? lenkte Goethe ab. Er wollte auf keinen Fall sein Geheimnis lüften, warum der Name Langsdorff – egal ob mit einem oder zwei „f" – ihn so störte. Denn über die von dem Salinenexperten Langsdorf kritisierte Farbenlehre wollte er mit Humboldt ebenso wenig diskutieren wie über den Streit zwischen den Neptunisten und Vulkanisten. Dass sie auch bei dem Thema nicht zusammenkommen konnten, war ihm absolut bewusst.

– Johann Moritz Rugendas, der Augsburger Maler, und die beiden Franzosen Hercule Florence und Aimé Adriano Taunay, alle wirklich talentierte Künstler.

– Drei Zeichner, sei das nicht ein bisschen viel? fragte Goethe erstaunt.

– Nein, nein, Rugendas sei nur am Anfang dabei gewesen und schon nach rund sechs Monaten durch Taunay ersetzt worden.

– Warum der schnelle Wechsel?

– Wohl in erster Linie wegen der unterschiedlichen Kunstauffassung zwischen dem blutjungen Maler und dem fünfzigjährigen Expeditionsleiter.

– Das könne er sich lebhaft vorstellen, da prallten doch bestimmt der Wunsch nach wissenschaftlicher Detailtreue Langsdorffs mit dem künstlerischen Anspruch Rugendas zusammen? nahm Goethe, der ja auch viele Jahre an seine Berufung zum Maler geglaubt hatte, den Faden freudig auf.

– Ein Crash müsse das gewesen sein und was für einer. Man müsse die wissenschaftliche Erkenntnis und die künstlerische Schöpfung zusammenführen. Es gehe um die Gesamtsicht und nicht um die alleinige detailgetreue Darstellung einer Einzelpflanze. Diese müsse in ihrer Umgebung gezeigt werden.

– Völlig einverstanden, nickte Goethe, das könne natürlich schnell zur Montage bzw. Collage führen ---

– Das sei die Gefahr dabei. Solange aber die detailgenauen Tiere und Pflanzen in ihrem Lebensraum gezeigt würden, sei es doch in Ordnung, auch wenn es sich um eine Landschaftskomposition handele. Die müsse eben nur stimmig sein. Kurz, die Zeichnung müsse lehrreich und anmutig sein.

– Er spreche ihm aus der Seele, das gelte im Übrigen ja auch für den Dichter, bemerkte Goethe: -sein „Faust" beispielsweise müsse unterhaltsam sein und zum Denken anregen. Nur so werde der auch gelesen!

– Er bedaure übrigens sehr, dass es zu Krach und Trennung gekommen sei, denn er halte Rugendas für einen großen Künstler, mit dem eine neue Epoche der Landschaftsmalerei begonnen habe, eben weg von der rein naturgetreuen Darstellung.

– Und die beiden Franzosen?

– Auch sehr begabt, die seien hoffentlich nicht so explosiv wie Rugendas und würden durchhalten. Beide übrigens mit Expeditionserfahrung: Florence auf der Entdeckungsfahrt der Fregatte „Marie Thérèse" nach Brasilien und Taunay bei der Weltumseglung Kapitäns Louis de Freycinet. Man dürfe jedenfalls auf die Ergebnisse der Expedition gespannt sein.

– Für Naturen wie die seine seien Reiseberichte und vor allem Reisen unschätzbar, sie ‚belebten, belehrten und bildeten', zitierte Goethe sich selbst, um die Bedeutung der Reiseforscher zu unterstreichen und Humboldt zu schmeicheln.

– Na ja, so viele habe er ja auch wieder nicht unternommen, frotzelte Alexander.

– Leider wahr, seufzte der korpulent gewordene stark alternde Dichter und war erleichtert, dass niemand von seinem Gespräch über Reisen mit der blutjungen Ulrike von Levetzow, seiner großen Altersliebe, wusste.

Wehmütig erinnerte er sich an diese Unterhaltung auf einem ihrer Spaziergänge vor drei Jahren in Marienbad:

– „Oh, Herr Geheimrat, Sie mit ihrer Welt- und Reiseerfahrung sind uns allen doch meilenweit überlegen", habe sie ihn angehimmelt.

– „Ja, ja, schon, aber eigentlich haben die wirklich großen Reisen nach Lateinamerika und in die Südsee doch nur in meinen Gedanken stattgefunden", habe er Ulrike zögernd zugeben müssen.

Tempi passati, bedauerte er nostalgisch, glücklicherweise habe er ja seine damalige Stimmung in den Marienbader Elegien festgehalten.

– Seine Vorliebe für Reisen und sein Interesse an der Neuen Welt beeinflussten doch sicher auch seine Dichtungen, aber er erinnere sich nicht mehr so genau, wollte Humboldt jetzt wissen.

– Oh ja, das könne er gar nicht vermeiden, es habe auch bei ihm früh angefangen. Bereits im Oktober 1766 habe er an seiner Bühnenbearbeitung der in der Karibik spielenden populären Geschichte von „Inkle und Yariko" ---

– Die sage ihm leider gar nichts, unterbrach Humboldt.

– Verständlich, das sei ja kurz vor seiner Geburt gewesen. Also: Inkle, ein hübscher Brite, der auf Gold und Geldverdienen aus gewesen sei, habe in der Karibik Schiffbruch erlitten und nur ihn habe die junge Indianerin Jariko, eine nackte vollendete Schönheit, vor ihrem Stamm retten und in einer Höhle verstecken können. Nach einigen Monaten sei es ihr gelungen, ein britisches Schiff herbeizuwinken. Glücklich an Bord habe Inkle sie dann schwanger als Sklavin nach Barbados verkauft.

– Eine tolle Geschichte, welche Absicht sei denn damit verfolgt worden?

– Sie sei in immer neuen Versionen erschienen, quasi als Reue des Alten Kontinents für sein Fehlverhalten gegenüber der Neuen Welt.

– Doch, ja, jetzt dämmere es ihm, Gellert habe den Stoff doch auch aufgegriffen? tastete sich Humboldt vor.

– Der habe wirklich im vergangenen Jahrhundert in keinem Haushalt gefehlt, er zitiere Gellert:

„Sie fällt ihm um den Hals, sie fällt vor ihm aufs Knie,
Sie fleht, sie weint, sie schreit, nichts – er verkauft sie.
‚Mich, die ich schwanger bin? – Mich? fährt sie fort zu klagen:
Bewegt ihn dies? – Ach ja! – sie höher anzuschlagen!

... Oh Inkle, du Barbar! dem keiner gleich gewesen,
O möchte deinen Schimpf ein jeder Weltteil lesen!"

– Ein perfektes Bild des perfiden Europas. Wie oft habe er Ähnliches erleben müssen, kommentierte der Reiseforscher. -Habe er weitere Beispiele?
– Sein Seelendrama, die Marienbader Elegien, mit ihrer Eloge auf die Naturforscher. Die habe er sogar seine „Weggenossen" genannt.
– Die seien aber doch noch nicht veröffentlicht?
– Nein, das plane er für nächstes Jahr unter dem Titel „Trilogie der Leidenschaft".
– Also gehe es nicht nur um die kleinen „Wahlverwandtschaften" während seiner Kuren? scherzte Humboldt.
– Ganz und gar nicht. Aber an die wirklichen „Wahlverwandtschaften", sein 1821 erschienenes Buch, müsse er sich doch eigentlich erinnern, an Ottilies Tagebucheintrag „Wie gerne möchte ich nur einmal Humboldten erzählen hören".
– Und ob, die Provokation habe er aber bis jetzt verschwiegen, das Zitat beginne ja so: „Es wandelt niemand ungestraft unter Palmen, und die Gesinnungen wandeln sich gewiss in einem Lande, wo Elefanten und Tiger zu Hause sind". In welche Richtung habe er, Humboldt, sich denn verändert?
– Nur positiv, er sei ja schließlich keine „Ottilie"! erheiterte sich Goethe und fürchtete gleichzeitig mit dieser Anspielung zu weit gegangen zu sein.

Humboldt war schon ganz woanders oder wollte offenbar diese Spitze überhören:

– „Ach wäre doch ein Zaubermantel mein und trüge mich in ferne Länder", zitierte er Faust, sichtlich mit seinem Gedächtnis zufrieden. Berühre der denn im zweiten Teil auch die Neue Welt? wollte er wissen.
– Oh ja, Faust lasse seine Mannen, Raufebold, Habebald und Haltefest, auf Kaperfahrt über die Weltmeere fahren, erklärte der Dichter.
– Hätten sie dabei Kontakte mit den neuen Kontinenten?
– Nicht nur das, seine Kolonisierung des vom Kaiser verliehenen Landes, er zitiere:

„Menschenopfer mussten bluten,
Nachts erscholl des Jammers Qual;
Meer ab flossen Feuergluten,
Morgens war es ein Kanal"

– erinnere ja auch an den Panamakanal, ein von ihm, Humboldt, vorge-
schlagenes Traumprojekt. Aber diesen Teil habe er ja noch nicht veröffentlicht, darauf könne er sich schon freuen. Goethe war sichtlich Feuer
und Flamme.
– Und im „Wilhelm Meister", da spreche er doch auch von einem „Trieb
nach Amerika" oder erinnere er sich falsch? Humboldt war jetzt auch
ganz bei der Sache.
– Richtig, da kämen die Reiseforscher besonders gut weg. Goethe dekla-
mierte stolz und ein wenig pathetisch:

„Wir aber gedenken zugleich vollendeter, ausgezeichneter Männer, jener edlen
Naturforscher, die jeder Beschwerlichkeit, jeder Gefahr wissentlich entgegenge-
hen, um der Welt die Welt zu öffnen und durch das Unwegsamste hindurch Pfad
und Bahn zu breiten".

– Wunderbar, das mache ihn richtig stolz, jubilierte Humboldt und freute
sich, dass der alte Goethe vorsichtig seinen Arm um ihn legte.
– Frau von Stein sei dagegen gar nicht mit seinem Wilhelm Meister zufrieden, vertraute er Humboldt an, -sie habe sich doch tatsächlich bei ihrem
Sohn über das unschickliche Betragen seiner Frauengestalten in diesem
Buch beschwert. Wenn überhaupt edle Gefühle bei denen auftauchten,
habe er die alle mit „einem bisschen Kot" beklebt, um nichts „Himmlisches" in der menschlichen Natur zu lassen, so habe sie sich wirklich
ausgedrückt!

Schon zehn Tage nach Abreise Alexander von Humboldts fuhr Goethe
seinem neuen Besucher Wilhelm von Humboldt bis Umpferstedt, knapp
sieben Kilometer im Süden von Weimar, entgegen, eine außergewöhnliche
Geste der Wertschätzung und Zuneigung, denn der alternde Dichter ver-
mied gerade im Winter selbst kleine Touren, von längeren Reisen ganz
abgesehen. Er igelte sich lieber in seiner „Dachshöhle" am Frauenplan ein
und empfing dort seine Besucher aus aller Welt. Er war überzeugt, dass ihn
nur dieses „Klosterleben" gut durch den Winter bringen konnte.

Der erste festliche Abend mit Wilhelm von Humboldt, an dem Kanzler von Müller, Prof. Riemer, Hofrat Dr. Vogel, Oberbaudirektor Caudray, Prof. Meyer und andere Würdenträger mit Damen teilnahmen, wurde durch Goethes Lesung aus der „Helena" gekrönt.

- Dass es ihm um den Faust nicht bange sein müsse, habe ja schon das unglaubliche Erlebnis Prinz Bernhards bewiesen, der auf Faust I bei einem Indianer in Obercarolina gestoßen sei, freute sich Humboldt. -Jetzt nach der Lesung sei er erst recht von seinem Werk überzeugt.
- „Den bewundern wir, der das Unmögliche begehrt", nahm Riemer das gerade gehörte Zitat der Seherin Manto auf und freute sich über das beglückte Lächeln, das er bei Goethe auslöste.
- Wie denn Homunkulus zu verstehen sei, wollte der Leibarzt Vogel wissen, – eine Menschwerdung nur in der Retorte?
- Eben, Homunkulus sei noch nicht durch vollständige Menschwerdung verdüstert und beschränkt. Man zähle solche Wesen zu den Dämonen, also Kreaturen mit riesiger Tatkraft, daher nenne Homunkulus Mephisto auch „Vetter".
- Er habe aber doch Mensch werden wollen, um sich mit seiner großen Liebe, der Meeresgöttin Galathee, vereinigen zu können, traute sich die junge Adele Schopenhauer, die mit Goethe eng verbunden war und ihn zeitlebens „Vater" nannte, neugierig aus der Deckung.
- Das sei aber gescheitert, lächelte Goethe, -seine ihn bergende und schützende Phiole sei ja an dem Schuppenpanzer Galathees zerschellt.
- Und was passiere dann? der Naturwissenschaftler und Medicus Vogel wollte es genau wissen.
- Der von seiner Liebe Geblendete löse sich im Meer in Myriaden von Einzellern auf ---
- Dann beginne damit die Entwicklungsgeschichte der Welt ja erneut, nickte Vogel.

Adele Schopenhauer wollte von der Liebe noch nicht lassen:

- Die hinreißende Reimhochzeit Fausts und Helenas und ihr anschließendes arkadisches Liebes-Duett seien so bezaubernd, ein Glück, das dann durch den Absturz ihres Sohnes Euphorion, des himmelsstürmenden Genius ohne Flügel, brutal zerplatze.

– Ja, Helena folge ihrem Sohn in die Unterwelt und erkläre Faust zum
  Abschied, dass ihr Liebesband nun endgültig zerrissen sei, kommentierte lächelnd Goethe, -da sei leider kein Trost in Sicht.

Das sei wohl sein letztes Wort, dachte Adele traurig, kein Wunder bei seiner vergeblichen Leidenschaft zu Ulrike von Levetzow, die ihn ganz krank
gemacht habe. In Paris habe man ihn damals ja schon tot gesagt.

Wenige Tage später erwies Goethe seinem Freund Wilhelm von Humboldt noch eine große Ehre: er führte ihn als einzigen zu dem Schädel
Schillers, der auf blauem Kissen unter einer Glasglocke ruhte.

– Man könne sich wirklich an Schillers Haupt nicht sattsehen, der halte
  jeden Vergleich aus, auch den mit Raffael, flüsterte Humboldt ehrfürch-
  tig. –Der, den man so bewundert habe, liege nun starr vor ihnen, wie ein
  steinernes Bild.
– Und doch gehe immer noch Faszination von ihm aus. Er denke da
  beispielsweise an Schillers 1788 erschienene Elegie „Die Götter Grie-
  chenlands"---
– In der er seine antiken Gottheiten dem einen Gott entgegensetze, begeisterte sich Humboldt.
– Und sich schnell als frevelhafter Atheist habe beschimpfen lassen müssen.
– Bei dem damals erlassenen Preußischen Religionsedikt mit seinen gegen-
  aufklärerischen Tendenzen nur zu verständlich. Deshalb habe er damals
  ja auch mit Georg Forster einen Protestbrief gegen die Kritiker geschrie-
  ben.
– Ach, bei Forster in Mainz sei er auch gewesen? fragte Goethe interes-
  siert.
– Aber ja, auf seiner politisch-philosophischen Reise 1788, die ihn vor
  allem nach Frankfurt, Mainz und Düsseldorf geführt habe.
– Durch seine alte Heimatstadt, seufzte Goethe nostalgisch.
– Gerade da habe er sich sehr über die antisemitische Intoleranz geärgert,
  Juden hätten keine öffentlichen Spaziergänge machen dürfen.
– Das habe er doch sicher mit Forster aufgegriffen?
– Und ob, die verschiedenen Menschen-Gattungen, über die Forster als
  Weltumsegler ja so viel wisse, sei ein großes Thema gewesen, vor allem
  die Zurückweisung ihrer Hierarchisierung, ereiferte sich Humboldt.

- Wasser auf die Mühlen von seinem Bruder, sekundierte Goethe.-Mit Therese Forster habe er doch sicher auch über die Liebe gesprochen?
- Natürlich, das sei ja ihr Lieblingsthema.
- Seins aber doch auch? neckte ihn der amüsierte Goethe.
- Na ja, seine Sinnlichkeit sei so eine Sache, räumte Humboldt ein und war froh, dass er nicht gestehen musste, wie sehr ihn das andere Geschlecht anzog.
- Und doch habe er sich für das „kleine Glück" im Kreis seiner Familie entschieden, im Gegensatz zu dem Reise-Meister Alexander.
- Der sei ja eigentlich schon gar nicht mehr deutsch, sondern durch und durch französisch, kritisierte Humboldt.
- Wie er das genau meine?
- Na, das Französische sei in ihn eingedrungen und habe ihn der deutschen Geisteswelt entfremdet. Schließlich sei er ja sogar dabei, sein großes Reisewerk auf Französisch zu schreiben.
- Nicht unbedingt ein Nachteil, wandte der Dichter ein.
- Oh doch, man bemerke dem Buch den Einfluss der Sprache einfach an, viele Stellen fielen auf Französisch wirklich zu oberflächlich aus.
- Er sei doch auch wenig später mit seinem ehemaligen Hauslehrer Campe nach Paris gefahren? wechselte Goethe das Thema.
- Sie seien im August 1789 angekommen ---
- Also mitten in der Revolution ---
- Das könne man wohl sagen, Campe sei über die Selbstbefreiung total beglückt gewesen, habe sie idealisiert ---
- Und er, wie habe er das Geschehen empfunden, unterbrach der dazu konservativ eingestellte Dichter.
- Kritischer, die Ideen der Freiheit, Gleichheit und Brüderlichkeit hätten ihn auch fasziniert, aber er habe auch die Widersprüche gesehen: die Gewalttätigkeiten oder die Rücksichtslosigkeit der Gesetzverabschiedung.

Bei der Abreise von Wilhelm von Humboldt bedankte sich Goethe sehr für dessen Besuch und den seines Bruders:

- Bei so viel Seelenverwandtschaft könne man glatt vergessen, dass Leute wie sie die letzten einer Epoche seien, die sicher so bald nicht wiederkehre. Die heutige Welt bewundere doch nur noch Reichtum und Schnelligkeit und verharre in oberflächlicher Mittelmäßigkeit.

Alexander von Humboldts Rückkehr nach Berlin 1827
„Ich habe hier ein höllisches Leben"

1827 war es soweit: Friedrich Wilhelm III. verlor endgültig die Geduld und verpflichtete Humboldt zur Rückkehr nach Berlin. Arm wie eine Kirchenmaus, seine Expedition und die Herausgabe seiner Werke hatten sein Vermögen weitgehend aufgebraucht, blieb ihm keine andere Wahl, wenn er nicht die stattliche Leibrente des Königs über jährlich 2500 Taler verlieren wollte. Ziemlich verzweifelt schrieb er aus Berlin an Goethe:

> „Ich habe hier ein höllisches Leben. Der ewig fahle bleierne Himmel, Kälte, Wind und Regen stören mich ungemein. Noch mehr die fehlende offene Natur, wohin man blickt begegnen einem selbst in den Treibhäusern nur kranke Pflanzen, von den ungepflegten Herbarien und den garstigen ausgestopften Tieren ganz abgesehen. Ja, Berlin ist eine nur hier und da von blühenden Kartoffelfeldern unterbrochene Sandwüste, noch dazu eine gedankenleere.
>
> Von den Toten auferstanden, wie Sie mir nach meiner Rückkehr von der Südamerika-Reise bescheinigten, das bin ich längst nicht mehr. Im Gegenteil, ich fühle mich in den Hades verbannt bzw. in eine „kalte Version" der Wüste."

Wenn er sein fledermausartiges Leben überdenke, das er als Kammerherr und Vorleser des Königs, mit dem er ja ständig durch seine verschiedenen Schlösser in Potsdam, Charlottenburg und Berlin ziehen müsse, führe, seufzte er, dann werde ihm ganz anders. Wie habe ein Diplomat neulich die Vorleseabende beschrieben? Er lese, aber keiner höre zu. Die Königin gehe ganz in ihrer Strickerei auf, Friedrich Wilhelm III. lese interessiert in einem Buch und raschele dabei betont mit den Seiten, um ihn nicht zu hören, und der General schnarche ungeniert. Leider sei es tatsächlich so, gestand er sich ein, bei diesen monotonen Abenden würde man am liebsten durch die Decke gehen. Hinzu komme noch bei den Konservativen sein Ruf als „roter" Baron. „Grüner Freiherr" wäre ihm da schon viel lieber, wäre ja auch treffender, grinste er in sich hinein. Man wolle damit natürlich seine politische Haltung kritisieren, die von den Idealen der Französischen

Revolution und von der Aufklärung geprägt sei. Die hätten eben keine Vorstellung von Sklaverei und Kolonialismus, dächten nur an sich. Typisch, dass die in ihm immer nur den „Republikaner im Vorzimmer des Palastes" sähen. Für diese Leute sei er doch nur ein trikolorer Lappen, ein schiefer Kopf, und Demokratie ein Vulkan, der erstickt werden müsse.

Aber Humboldt gab nicht auf. Die nach seinem eigenen Ausdruck „10.000 Säue", die ihn schon immer antrieben, ließen ihn einfach nicht los:

– Er werde dieses öde und wenig inspirierende Berlin aufmischen, versicherte er seinem Bruder Wilhelm: -seine goldenen Zeiten als Kultusminister lägen ja fast zwei Jahrzehnte zurück. Heute befinde sich das Kultusministerium im Tiefschlaf, beantworte keine Anfragen und wolle nur eins: jedes Detail kontrollieren.

– Dabei benähmen sich die Ministerialen zum Teil wie kreischende Dampfmaschinen, nickte Wilhelm bissig: -was ihm denn genau vorschwebe?

– Berlin müsse die führende Sternwarte, die beste chemische Anstalt, einen gepflegten, wichtige tropische Pflanzen berücksichtigenden botanischen Garten und eine Schule für höhere Mathematik bekommen, zählte Alexander mit dem ihm innewohnenden Elan auf.

– Wie immer sehr ehrgeizige Ziele, befürchtete Wilhelm, -ob er denn auch unterrichten wolle?

– Oh ja, das sei ihm sogar sehr wichtig. Er wolle seine Vorträge in der Universität unter den Linden und in der großen Halle der Singakademie halten.

– Sei der Saal mit seinen 800 Plätzen nicht doch ein bisschen groß? wandte der Ältere etwas bedächtig ein.

– Glaube er nicht, er wolle ja keinen Eintritt nehmen und aus dem professoralen Elfenbeinturm raus und alle sozialen Schichten ansprechen, seine Vorlesungen sollten informieren und – äußerst wichtig – unterhalten.

Und wirklich: seine Vorlesungsreise vom Himmel bis zur Tiefsee, über den ganzen Globus, die höchsten Gebirge hinauf und wieder hinunter in tiefe Bergwerkstollen verzauberte seine Hörer, den Hof einschließlich des Königs, Gelehrte, Künstler und Bürger. Der Musiker, Professor und Direktor der Singakademie Carl Friedrich Zelter, ein intimer Freund Goethes, schrieb begeistert an seinen Dichterfreund:

„Humboldt reißt uns alle mit. Er spricht frei, ex tempore, natürlich gut vorbereitet. Als Vorlage dient ihm jeweils lediglich eine Collage aus Zahlen, Zitaten und Kommentaren, alles für uns als normale Sterbliche ohne erkennbare Ordnung. Er würzt seine Schilderungen mit kühnen aufrüttelnden Vergleichen aus verschiedensten Erdteilen und häufig mit Anekdoten. Wir sind alle wie hypnotisiert. Selbst wenn er einmal irren sollte, man müsste es ihm einfach glauben. Seine Vorlesungen sind wirklich ein Grund, nach Berlin zu kommen."

Nein, seinen eigenen Lebensstil verleugnete Humboldt dabei nicht, auch nicht in der Kleidung. Sie war altmodisch, im Stil der Jahre kurz nach der französischen Revolution: zum blauen Frack mit gelber Weste trug er gestreifte Kniehosen, hohe Stiefel und einen schwarzen Hut. Goethe hätte dabei bestimmt an die „Werther-Kleidung" gedacht.

Ganz so wie die Berliner Gäste des Dichterfürsten, die ihn am Frauenplan besuchten:

– Humboldt sei in seinem Lebensrhythmus immer noch ganz Pariser, das schade ihm aber selbst bei übersteigerten Berliner Nationalisten nicht allzu sehr. Er besuche schlank und beweglich wie früher in der französischen Metropole täglich einen Salon nach dem anderen und spreche so schnell wie ein „Rennpferd", aber doch charmant, eben wie ein Franzose. Seine vielen häufig pikanten Anekdoten und vor allem sein entwaffnender Humor ließen dabei keine Müdigkeit aufkommen.

– Ob sie nicht einige Beispiele parat hätten? fragte Goethe seine Berliner Gäste animiert.

– Er sei „Fluss" habe Humboldt neulich strahlend verkündet, viele Meilen lang und mit zahlreichen Zuströmen. Ohne viel Holz, dafür aber mit vielen Fischen.

– Ah, da sei wohl mal wieder ein Strom nach ihm benannt worden, freute sich Goethe und bat um mehr.

– Ein Kammerherr habe – so Humboldts Anekdote – Reinhold Forster, der ja zusammen mit seinem Sohn Georg Captain Cook bei seiner zweiten Weltumseglung begleitet habe, gefragt, ob ihm Könige großen Eindruck machten. Nein, habe die Antwort gelautet, sie seien ihm zu vertraut. Schließlich habe er auf seiner Weltreise fünf wilde Könige getroffen und zwei vollkommen gezähmte in Europa.

Goethe schien sich sichtlich zu amüsieren, daher folgten weitere Beispiele:

- Ein schöner grauer Star, ein reines Fieber, ein leichter Beinbruch, das seien so beliebte Ausflüchte der Mediziner, er, Humboldt, bleibe aber lieber von solchem Glück verschont, habe er gewitzelt und weiter:
- Auf die Frage eines aufdringlichen und engstirnigen Theologen, ob er auch fleißig in die Kirche gehe, habe er scharfzüngig geantwortet: aber klar, er wolle doch noch Karriere machen!

Gerade das letzte Exempel war gefundenes Fressen für Goethe.

- Wie es denn um Humboldts Ruf in Sachen „Amore" stehe, wollte der Dichter jetzt wissen.
- Hinter seinem sprühendem Charme und seinem ständigen Lächeln läge eine Eisschicht, die man nicht durchbrechen könne, darin seien sich alle Frauen einig. Natürlich gebe es auch immer wieder Gerüchte, seine männlichen Kollegen seien sein einziger Umgang, er wohne mit ihnen sogar teilweise zusammen und wolle sich partout nicht von ihnen trennen.

Wie das wohl alles zusammenpasse? fragte sich Goethe. Ein Mann von solchem immensen Wissen, der eigentlich nur von einer Sache nichts verstehe, vom Umgang mit dem lieben Geld! Das habe Caroline von Humboldt ja schon kurz nach Alexanders Rückkehr aus Lateinamerika nach Paris erkannt und an ihren Mann in Rom geschrieben: Wilhelm müsse seinem Bruder einen ernsten Brief schreiben und ihn über seine schlimme finanzielle Situation aufklären, die Expedition habe schon zu viel Geld verschlungen und jetzt träten die teuren Publikationen hinzu. Eigentlich habe sie ja geplant, bald zu ihm nach Rom zu kommen, aber könne man Alexander sich selbst überlassen? Wilhelm habe sie prompt darum gebeten, ihren Pariser Aufenthalt zu verlängern.

Und bei alledem sei Alexander so schwer durchschaubar, grübelte Goethe weiter. Wahrscheinlich habe Caroline von Humboldt neulich ja gar nicht so unrecht gehabt, als sie Alexander als unbeschreibbar bezeichnete, als eine merkwürdige Mischung aus Liebenswürdigkeit, Kälte und Wärme.

„Wir sind so klug und dennoch spukt's in Tegel", der Vers aus seinem Faust I fiel ihm wieder ein: der treffe doch gut auf diesen Fall zu. Trotz aller Menschenkenntnis komme man dem mysteriösen Humboldt nicht so schnell auf die Spur.

Letzter Besuch Alexander von Humboldts im Januar 1831 in Weimar
„Das wildgrässliche Gepolter der Vulkanisten beeinflusst Goethe nicht"

In den vier Jahren zwischen dem Dezember-Treffen 1826 mit Alexander von Humboldt und dessen Besuch in Weimar im Januar 1831 verschlechterte sich Goethes Gesundheitszustand zusehends.

– Bis jetzt sei ihr sein Leben so sicher erschienen wie der Glanz der Sonne, die sei aber nun aus ihrem Inneren verschwunden und sie sehe mit Angst in die Zukunft, meinte Ottilie kurz vor dem Eintreffen Humboldts resigniert zu Eckermann.

Goethe fiel damals alles zur Last, er hatte gar nicht so selten Schwierigkeiten, neue Situationen zu erfassen und sein Kurzzeitgedächtnis hatte stark nachgelassen. Er war leicht schwerhörig, kränkelte ständig und schleppte sich nur so dahin. Seine viel gerühmten feurigen Augen verdeckten hängende Lider und ein kataraktartiger weißer Rand umgab seine Augensterne. Für Bettina von Arnim, die ihn so lange angehimmelt hatte, lebte er nicht mehr in der Welt, sondern blätterte nur noch wie in einem Buch darin herum.

Bei einem Ballabend Ottilies verstummten die Gespräche, sobald er sich näherte und die Menge folgte ihm schweigsam und ehrfurchtsvoll:

Er komme sich schon mythisch vor, überkam es Goethe, eine unermessliche Öde sei um ihn trotz der vielen Ball-Gäste, die ihm zu schaffen machten. Eigentlich wünsche er sich nur eins: in seinen entschlafenen Klostergarten zu schauen, die Wiesen-, Wälder- und Buscheinsamkeit zu genießen und die Welt hinter sich zu lassen. Ja, gestand er sich, sein Bündel sei geschnürt und er warte auf die Ordre zum Abmarsch. Wie recht habe er doch gehabt, als er neulich die „Sommerreise zu dritt", einen nostalgischen Vorschlag von Marianne und Jakob Willemer, abgelehnt habe. Gelegenheit mache bei ihm schon lange keine Diebe mehr, bedauerte er in Erinnerung an seine Suleika und das erste Hatemlied aus dem Jahre 1815, das in ihm nachklang:

„Nicht Gelegenheit macht Diebe/
Sie ist selbst der größte Dieb/

Denn sie stahl den Rest der Liebe/
Die mir noch im Herzen blieb".

Goethe schlenderte versonnen weiter und zog sich schnell von dem großen
Ball und den nach seinem Abschied sofort wieder aufflammenden Gesprächen zurück.

Das Zarteste sei doch wirklich ein Vaterherz, sinnierte er in seinen hin-
teren Zimmern weiter, zum Schlafengehen war er viel zu aufgewühlt. Die
Familienbande, die zählten jetzt vor allem, besonders zu seinen Enkeln
Wölfchen und der kleinen Alma, nicht ganz so stark zu dem Ältesten Walther. Wie oft habe er sich schon daran gefreut, wenn Walther und Wölfchen
an den kleinen Schreibtischen, die er in den Fensternischen seines Arbeits-
zimmers für sie angelegt habe, ihre Schulaufgaben erledigten. Sie hätten
ihn überhaupt nicht beim Diktieren gestört und erst recht nicht bei seinem
gleichzeitigen Leeren einer Flasche Rheinwein. Im Gegenteil, die Enkelchen
hätten ja auch aus seinem Glas getrunken und seien schnell fröhlich geworden. An Lernen sei nicht mehr zu denken gewesen, zum Ärger der Eltern.
Mit denen habe er ja auch so seine Probleme, Ottilie sei zu verschwende-
risch und mache zu viele Schulden und August trinke einfach viel zu viel.
Aber wie schön sei es, wenn Wölfchen ihn abends – oft mit einem selbst
erfundenen Märchen – zu Bett bringe und wie erfreulich das morgendliche
Ritual mit seinem kleinen Liebling Alma. Die komme jeden Morgen gegen
8.00 mit ihrem bildhübschen Kindermädchen bei ihm vorbei – eine Freude
für ihn, das rosige Kind zu herzen und dabei auch die attraktive Begleiterin
nicht zu vergessen.

Goethe war jetzt zur Ruhe gekommen, setzte sich in seinen Lehnstuhl und
schloss die Augen: „Das ist der schönste alte Mann, den ich je gesehen, in
den könnte ich mich sterblich verlieben". Das habe die große Wilhelmine
Schröder Devrient, die die Welt mit ihrer Pamina in Mozarts „Zauberflöte"
und als Leonore in Beethovens „Fidelio" so bezaubert habe, wirklich nach
ihrem Besuch bei ihm zu ihrem Klavierbegleiter gesagt. Da habe sie aber
wohl mehr an sein Porträt gedacht, das der begabte Joseph Karl Stieler im
Auftrag König Ludwig I. von ihm im Sommer 1828 gemalt habe, belustigte
sich Goethe. Der Maler habe ihn ja gekonnt mit seinem ergreifenden „Tab-
leau de la belle actrice", dem Porträt der anziehenden Schauspielerin Charlotte Hagen als Thekla, zum „Modell-Sitzen" verführt. In der Hoffnung,

Abb. 4: Johann Wolfgang von Goethe, Öl auf Leinwand von Joseph Karl Stieler,1828. Quelle: © bpk / Bayerische Staatsgemäldesammlungen, Sammlung Neue Pinakothek

dass dieser Bissen als Lockspeise seinen anfänglichen Widerstand gegen ein weiteres Porträt von ihm brechen werde. Der Goethe Stielers sei ja auch wirklich ein Mann, mit dem man gerne ein Wörtchen sprechen würde, er sehe so gut aus, dass er noch eine Frau bekommen könne. Das seien seine letzten Worte beim Abschied von Stieler Anfang Juli 1828 gewesen, daran erinnerte er sich deutlich. Aber Eckermanns Gedicht „Vor dem Bildnis" über das Porträt sei und bleibe zu enthusiastisch, schon die ersten Verse zeigten das:

„Du blühend Haupt, umspielt von dunklen Haaren,
Vom ersten Schnee des Alters kaum erreicht,
Noch regst Du dich, trotz deinen achtzig Jahren,
Auf ungebeugten Schultern frei und leicht!"

Das Jahr 1828 ging Goethe noch nicht aus dem Kopf. Drohend stand der plötzliche Tod Herzog Carl Augusts Mitte Juni auf der Rückreise von Berlin

wieder vor seinen Augen. Wie verdutzt er gewesen sei, als Kanzler von
Müller hereingestürzt sei und seine kleine Mittags-Gesellschaft hastig aus
dem Zimmer komplementiert habe:

– Ob sie denn nicht noch Kaffee trinken wollten, das Theater finge
   doch erst in einigen Stunden an, habe er konsterniert gefragt. -Warum
   die Eile?

Die Lösung des Rätsels sei dann so bitter gewesen. Mit Recht habe er sich
damals gegen die Veröffentlichung der letzten Gespräche Carl Augusts mit
Alexander von Humboldt in Berlin gesträubt, weil solche letzten Stunden eigentlich wie die Gipsabdrücke von Totenmasken die Realität nicht
spiegelten. Jedenfalls seien Carl Augusts drei großen Gaben nicht deutlich
genug geworden: einmal die Fähigkeit, Charaktere zu erkennen und an den
richtigen Platz zu stellen, dann seine große Menschenliebe und drittens seine
Integrität, von Einflüsterungen habe er sich nie beeinflussen lassen.

Kurz danach habe Mitte September der große Berliner Kongress der
Naturwissenschaftler und Ärzte unter der Präsidentschaft Alexander von
Humboldts begonnen. Mit 423 Teilnehmern, darunter Kapazitäten aus
Cambridge, Zürich, Florenz Petersburg und Göttingen wie Carl Friedrich
Gauss oder der schwedische Chemiker Berzelius, auch König Friedrich
Wilhelm III. habe an der feierlichen Eröffnung in der Singakademie teilge-
nommen. Wie schmeichelhaft für ihn Humboldts Eröffnungsrede gewesen
sei, erinnerte sich der jetzt doch müde werdende Goethe dankbar in seinem
Lehnstuhl: seine großen Dichtungen hätten ihn, der zur Zeit in Dornburg
abgeschieden um seinen Herzog traure, nicht davon abhalten können, den
Forscherblick auf alle Teile der Natur zu werfen. Soweit Humboldt. Aber
auch Martius habe in seinem Kongress-Vortrag „Über die Architektonik
der Blumen" betont, dass er auf Goethes „Metamorphose der Pflanzen"
aufbaue.

Aber das sei auch das einzig Erfreuliche gewesen. Die Tagung habe
eigentlich nichts Großes und Neues gebracht, übrigens ebenso wenig wie
die Folgekonferenzen in Heidelberg und Hamburg. Das hätten doch alle
Berichte von Teilnehmern gezeigt, die ihn besucht hätten, auch der amt-
liche Abschlussbericht. Schlimmer noch, das Plädoyer Humboldts an die
Forscher, nicht zueinander, sondern miteinander zu sprechen, sei verhallt,
sie hätten sich nur als isolierte Privatpersonen, nicht als Teil eines Ganzen

gesehen und seien über Monologe nicht hinausgekommen. Mit Ausnahme
der gegenseitigen Kritiken und Attacken. Aber die wüchsen sich ja leider nicht zu konstruktiven Dialogen, sondern sehr schnell zu krankhaften
Geschwüren aus. Dagegen sei er mehr als allergisch und schiebe die Kritiken
erst mal weg.

   Die von Humboldt angeregte bronzene Gedenkmedaille des 1828er Kon-
gresses symbolisiere doch im Grunde treffend die ganze Misere: auf der
Vorderseite stehe die Sphinx als Symbol der Rätselhaftigkeit und die Diana
von Ephesus mit der Erdkugel und der Mondscheibe in der Hand als Symbol
der Natur. Und die sei und bleibe geheimnisvoll und undurchschaubar. Als
sich Goethe zum Schlafengehen aufmachte, erinnerte er sich noch an den
Schlussvers seines Gedichtes „Ein und alles",

> „Denn alles muss in Nichts zerfallen,
> Wenn es im Sein beharren will".

den der Berliner Kongress in Goldbuchstaben und gerahmt ausgestellt hatte.
Das sei typisch, weil zu kurz gegriffen und eher unverständlich, ärgerte er
sich. In dem Gedicht ginge es ja in erster Linie um evolutionäre Entwicklungen, aber das erkenne man eigentlich erst richtig zusammen mit den
vorausgehenden Versen:

> „Es soll sich regen, schaffend handeln,
> Nur scheinbar steht's Momente still.
> Das Ewige regt sich fort in allen:
> Denn alles muss in Nichts zerfallen,
> Wenn es im Sein beharren will".

Die Freude auf den Januarbesuch 1831 Alexander von Humboldts hatten auch dessen Kosmos-Vorlesungen ab Dezember 1827 gesteigert. In der
sechzehnten Vorlesung hatte der Reiseforscher Goethe ein tiefes Gefühl
für die Natur bescheinigt, das alle seine Werke durchdringe. Er könne nur
den Glücksstern segnen, der ihn mit den Humboldts zusammengebracht
habe, dachte Goethe in Erwartung Alexanders. Es sei doch wunderbar, sich
für einige Tage mit einem verwandten Geist zu verbinden. Das sei ihm ja
vor kurzem mühelos beim Lesen von Wilhelms positiver Rezension seiner
Beschreibung seines zweiten römischen Aufenthalts gelungen. Der habe ja
besonders die Verwobenheit seiner Beschäftigung mit den Naturwissenschaften und seinem Dichtergenie hervorgehoben.

– Wie froh er sei, mit Alexander über seine große Sibirienreise endlich persönlich sprechen zu können, begrüßte Goethe seinen Gast.
– Die sei keinesfalls nur entzückend gewesen, entgegnete der Forscher.
– Spiele er da auf seine „Schifffahrt zu Lande und im Frack" an?, so habe er doch seine Fahrt bezeichnet.
– Allerdings, ihre drei gefederten Kutschen hätten sechzehn Pferde gezogen. Sie hätten 658 Poststationen passiert und über 12.000 Pferde gewechselt. Sie seien sehr schnell und oft die ganze Nacht durchgefahren, 150 Kilometer pro Tag, manchmal auch das Doppelte. Schließlich hätten sie 19.000 Kilometer in rund acht Monaten zurückgelegt.
– Und wie viele Flüsse hätten sie überquert?
– Dreiundfünfzig ---
– Dann sei die Bewertung als nicht immer „entzückende Schifffahrt zu Lande" mehr als gerechtfertigt, feixte der Dichter.
– Das habe auch andere wichtigere Gründe: Zar Nikolaus I., der ja bekanntlich für Autokratie und Orthodoxie stehe, habe die Reise finanziert. Das sei keine Privatreise wie die südamerikanische gewesen. Er habe die russische Gesellschaft nicht kritisieren dürfen und sich auf die tote Natur beschränken müssen.
– Wie das denn kontrolliert worden sei, bei einer Reise von Petersburg bis zum Altaigebirge an der chinesischen und mongolischen Grenze und zurück über das Kaspische Meer?
– Kosakenpatrouillen hätten ihn auf Schritt und Tritt begleitet und genervt.
– Da habe er ja nie allein sein können ---
– Eben, er sei wie ein Kranker unter der Achsel geführt worden.
– Und abends? Goethe wollte es genau wissen.
– Furchtbare Empfänge bei den Provinz-Honoratioren, die er nicht ohne Grund „Orinoco plus Epauletten" genannt habe.
– Wie zutreffend, amüsierte sich der Weimarer Dichter, der auch unter der Enge seines Städtchens litt.
– Ohne Beschwerden könne man keinen Genuss des Lebens haben ---
– Worin der denn vor allem gelegen habe?
– Na, vor allem in den Vergleichen zwischen dem Ural und Lateinamerika, so habe er endlich die lang ersehnte Möglichkeit bekommen, die große Fülle seiner Ideen zusammenfassen zu können.

- Und in seinen Büchern das faszinierende „Bild-in-Bild" Verfahren zu entwickeln, bekräftigte Goethe.
- Exakt, da scheine plötzlich hinter den asiatischen Kirgisen-Steppen die Pampa Argentiniens auf, hinter der Kurischen Nehrung die „Sandwüste Berlin" oder der Orinoco spiegele sich im Amazonas und Rio de la Plata. Die Niagarafälle würden mit den Katarakten des Orinoco verglichen.
- Mitreißend und fantastisch ---
- Ja, das sei ein Glanzpunkt seines Lebens gewesen, sicher sein wichtigstes Jahr, er habe seinen Kopf wie einen siedenden Topf empfunden ---
- Fühle er sich jetzt nicht ein bisschen allwissend? bemerkte der gebannt zuhörende Goethe schalkhaft.
- Und wie. In Baschkortostan habe ein junger Baschkire unaufhörlich auf Türkisch auf ihn eingesprochen. Als er dessen Begleiter auf Französisch gefragt habe, was zum Teufel er denn wolle, sei ihm die Antwort übersetzt worden: der junge Mann wolle erfahren, wo seine gestohlenen Pferde seien, er müsse das doch wissen, er sei doch schließlich „allwissend", grinste der animierte Humboldt.
- Nette Geschichte, ob er noch weitere außergewöhnliche Beispiele habe? Goethe konnte einfach nicht genug bekommen.
- Doch, die Mongolen seien von ihnen als Fremde besonders fasziniert gewesen ---
- Da sei er ja zum „Exoten" geworden, normalerweise sei das ja immer umgekehrt gewesen, unterbrach Goethe.
- Oh ja, die hätten ihn sogar betastet und seinen Frack angehoben.
- Wann er denn bei dem Kaspischen Meer angekommen sei? fragte Goethe weiter.
- Im Oktober, das habe ihn an den Valenziasee erinnert ---
- Der sei aber doch wirklich zu klein für einen Vergleich.
- Natürlich, er meine die wechselnden Wasserstände des Kaspischen Meeres. Er vermute, dass Vulkane und andere unterirdische Kräfte die Ursache seien, erklärte Humboldt.
- Ach wirklich? Auf das Glatteis der Vulkanismus-Diskussion wollte sich Goethe lieber nicht begeben: -Wie man denn die Ergebnisse seiner Expedition zusammenfassen könne?, lenkte er ab.
- Die langfristigen Klimaveränderungen durch Menschenhand seien das Schlimmste ---

- Die würden doch sicher auch durch die umfangreichen Abholzungen provoziert ---
- Wie am Valenziasee zum Beispiel. Und durch die Gas- und Dampfmassen der großen russischen Industriezentren, auch durch umfangreiche Bewässerungen mit Umleitungen ganzer Flüsse.

Humboldt kniff die Augen etwas zusammen, weil die Wintersonne durch die Wolken brach und ihn blendete. Dabei fiel ihm plötzlich die Büste Napoleons aus Opalglas auf, die der Sonne entgegenstand und wie ein Edelstein sieghaft-leuchtend erstrahlte.

- Wo er die denn herhabe? fragte der „Republikaner" Humboldt leicht irritiert.
- Von Eckermann, der habe sie ihm vor wenigen Monaten aus Straßburg mitgebracht. Eine Hommage an Napoleons Tatkraft!
- Vor allem aber ein langjähriger Kaiser und Diktator. Wie das denn mit seinem „Prometheus" zusammengehe? Er zitiere:

„Hier sitz ich, forme Menschen
Nach meinem Bilde,
Ein Geschlecht, das mir gleich sei,
Zu leiden, zu weinen,
Zu genießen und zu freuen sich
Und dein nicht zu achten.
Wie ich!"

- Gehöre denn sein antiautoritärer Protest gegen versteinerte religiöse und soziale Verhältnisse ganz der Vergangenheit an?, lud Humboldt nach.
- Nein, nein, nur die Mittel hätten sich im Vergleich zu seiner Sturm-und Drang-Zeit geändert, wehrte Goethe ab.
- Wie passe das denn mit seinem Besuch bei dem Burschenschaftler und politischen Abenteurer Johannes Wit von Dörring zusammen, der ja immerhin zum Tyrannenmord aufgerufen habe. Humboldt konnte sich momentan nicht mehr zurückhalten.
- Wieso er das getan habe? Er wäre doch ein Tor, wenn er nicht mal mit so einem sprechen und ein Lump, wenn er ihn zum zweiten Mal treffen würde. Er sei nun wirklich kein Freund des revolutionären Pöbels, übrigens ebenso wenig von Louis XV. Der sei für ihn ein „Mal-Aimé", vor

allem wegen seiner Kolonialpolitik in Nordamerika und wegen seines Verbots des Parlamentes und seiner Verbannung der obersten Richter.

Goethe sei eben ein überzeugter Monarchist, das wusste Humboldt ja, da sei nichts mehr zu machen. Er habe doch erst neulich das Großkreuz der bayrischen Krone akzeptiert und Ludwig I. seinen Briefwechsel mit Schiller, seinen liebsten Schatz, gewidmet. Ob sein gnädiger Fürst die Annahme des Ordens genehmige, habe er da Carl August gefragt. Der habe aber unkonventionell im Beisein des bayrischen Königs geantwortet: „Du alter Kerl, mach doch kein dummes Zeug". Besser sei es, dieses verminte Gebiet zu verlassen, dachte Humboldt.

– Ob er seine beiden Artikel zu dem Pariser Akademiestreit gelesen habe?, auch Goethe bevorzugte einen Themenwechsel.
– Wie könne er die Debatte übersehen, das sei doch eine der berühmtesten Dispute der Biologie. Und ja, er habe auch Goethes Beiträge gelesen.
– Und wie stelle er sich dazu?
– Wie er auf die Seite des Pariser Zoologen Étienne Geoffroy Saint Hilaire, der von der langsamen Entwicklung der Arten überzeugt sei. Man könne nicht mehr wie George Cuvier, ebenfalls Professor am Musée National d'Histoire Naturelle und Widersacher Étiennes, von der Artenkonstanz ausgehen, davon, dass alle Arten von Gott geschaffen, perfekt und seit der Schöpfung unverändert seien.
– Genau, stimmte Goethe erleichtert zu, seine „Metamorphose" führe ja schon seit über vierzig Jahren sämtliche Pflanzen auf einen Grundbauplan zurück.
– Er sei eben ein erfahrener Naturforscher, warf Humboldt ein.
– Zumindest ein alter Schiffer, der sein ganzes Leben auf dem Ozean der Natur zugebracht, die bizarrsten Wundergestalten beobachtet und deren gemeinsamen Entstehungsgesetze geahnt habe ---
– Viel mehr als mutmaßen bleibe ihnen wohl auch nicht übrig, fiel Humboldt ein.
– Hinter jedem Urtyp stehe Gott ---
– Als Metapher verstanden?, nickte Humboldt.
– Natürlich, ein „Gott", den sie alle suchten, aber nur ahnen und nicht schauen könnten. Da könnten ihnen die Philosophen auch nicht weiterhelfen, schon gar nicht die Theologen.

– Also bleibe der Himmel wohl leer, wie er so treffend bei ihrem Dezembertreffen 1826 formuliert habe, spitzte Humboldt das Gespräch zu.

– Vielleicht für immer, bedauerte Goethe, -denn als Steuermänner hätten sie ja für die entsprechende Forschung zu wenig Zeit, wenn diese überhaupt möglich sei.

– Jetzt verstehe er auch seine Karikaturensammlung über den Papst, witzelte der ungläubige Humboldt.

Wie gut, dass sie nicht auf den Vulkanismus-Neptunismus-Streit gekommen seien, dachte der Reiseforscher erleichtert, das habe ja eigentlich nahegelegen. Zu gut erinnerte er sich noch an einen Brief des Oberberghauptmanns Sigmund von Herder, den er kürzlich empfangen hatte. Herder hatte ihm darin mitgeteilt, dass Goethe sich ihm gegenüber als dankbarer Jubilar der Freiberger Neptunisten-Schule bekannt habe und dass er sich durch das aktuelle „wildgrässliche Gepolter der Gebirgsaufwiegelungen" nicht beeinflussen lasse, er müsse ja sonst „sein Gehirn neu verkabeln".

Diese Sturheit passe ja auch zu seiner Farbenlehre, von der er sich nicht abbringen lasse und jede Kritik empört zurückweise, grübelte Humboldt. Sie sei „gar zu sehr Fleisch von seinem Fleisch und Bein von seinem Bein", habe Goethe neulich behauptet. Als ob das ein Argument sei. Eine Rechthaberei, die der Dichter ja auch bei Georg Heinrich von Langsdorff, dem großen Reiseforscher Brasiliens an den Tag lege, den er einfach nicht kennen wolle, offenbar weil ein Namensvetter Langsdorffs seine Farbenlehre völlig zerpflückt habe.

– Apropos „leerer Himmel". Der bringe ihn auf die Frage, wie es mit Faust weitergehe, wie habe er dessen Ende geplant, nahm Humboldt das Gespräch wieder auf.

– Das sei keine Kleinigkeit, erklärte der Dichterfürst animiert. -Schließlich müsse er das, was er mit zwanzig Jahren konzipiert habe, mit über achtzig Jahren vollenden, sozusagen das „Knochengeripp mit Sehnen, Muskeln und einem Haupt" bekleiden.

– Zweifellos, aber eigentlich beantworte sich die Frage nach Fausts Ende bei den Verbrechen, die er bereits im ersten Teil begangen habe, er denke vor allem an die Ermordung Valentins und Gretchens Mutter und an seine Mitschuld an dem Kindesmord, ja von selbst.

– Wie er das meine? fragte Goethe leicht irritiert.

– Wenn es keinen Gott gebe, dann könne er doch eigentlich nicht erlöst werden? Dann sichere ihm doch das Register seiner Mordtaten bestenfalls einen Vorzugsplatz in Dantes Hölle, falls die existiere?

– Oh nein, hakte Goethe ein, nach seiner Planung finde der Egomane Faust am Ende seines langen Lebens durch ein breit angelegtes Landgewinnungsprogramm aus dem Meer mit anschließender Besiedlung zum „Du", zur Gemeinschaft und zur sinnerfüllten, identitätsstiftenden Arbeit.

– Damit „erlöse" er sich quasi selbst?

– Genau, er gelange in eine Art Schöpfungsrausch, es handele sich eben um eine Selbsterlösung „von unten".

– Und von „oben", um in seinem Bild zu bleiben, da geschehe nichts? insistierte Humboldt neugierig.

– Doch eine „Erlösung von oben" komme zu dem Streben von unten hinzu.

– Wie spannend, das sei ja mehr als aufregend. Wie er das genau meine?

– Nach seinem Tod werde Faust rein faktisch von Engeln Mephisto entrissen.

– Der lasse sich das tatsächlich gefallen – so ohne Höllenfahrt und Fegefeuer?, fragte Humboldt ungläubig.

– In diesem Fall ja, weil die Engel ihn erotisch stimulierten und ablenkten, Zeit genug für deren Rettungsaktion, die er schon zu Papier gebracht habe. Die Faust entführenden Engel jubelten:

„Gerettet ist das edele Glied,
Wer immer strebend sich bemüht,
den können wir erlösen,
Und hat an ihm die Liebe gar
Von oben teilgenommen,
Begegnet ihm die selige Schar
Mit herzlichem Willkommen"

– Bei der in den ersten Versen angedeuteten Selbsterlösung könne er gut mitgehen, kommentierte Humboldt, -dieses kreative Streben sei ja auch ihr Lebensprinzip, aber die „Liebe von oben", wie er das denn meine?

– Ganz einfach, das habe er schon vor Jahren erklärt: der „alte Herr" oben im Himmel habe auch bei großem Sündenkonto ein Begnadigungsrecht.

– Da komme er nicht ganz mit, gestand Humboldt erstaunt.

- Er sei ein durch und durch konzilianter Mensch, das Unversöhnliche komme ihm absurd vor.
- Dann glaube er an eine Art „Allversöhnung"?
- Ja, so könne man das nennen, räumte Goethe ein, -oder auch „Liebe von oben". Er müsse auf die gängigen christlichen Vorstellungen als Metapher zurückgreifen, um verstanden zu werden.
- Dann sei er ja ein Anhänger des Kirchenvaters Origines, nach dem keine Seele für Ewigkeiten verdammt werde.
- Könne man so sagen, er glaube auch an die ewig waltende Harmonie der Naturordnung, die keine längere Störung- auch nicht durch Fausts Verdammnis – dulde.

Humboldt wiegte bedächtig den Kopf: -Was denn nach dem Raub Fausts durch die Engel geschehe? Was habe er da geplant?

- Faust werde wohl auf einer Himmelsleiter nach oben geführt und dort auf die Himmelskönigin, die Mater Gloriosa, treffen. Die wie bei Dürers Mondsichelmadonna mit einem glänzenden Sternenkranze um ihr Haupt erscheine und zwar vor blauem Himmelsgrund.
- Und Gott, wo bleibe der?, eiferte sich Humboldt.
- Der habe ausgedient, das sei ein neuer Himmel ohne Sünden und Strafjustiz.
- Wie sei der denn dann beschaffen?
- Die Mater Gloriosa stehe für Hingabe an die Gemeinschaft, für Maß und das Glück des Augenblicks.
- Wäre schön, wenn das auf die Menschen abfärbte, stimmte Humboldt zu.
- Er werde an dieser Stelle auch einen Chorus Mystikus einführen, die Verse habe er schon geschrieben:

„Das Unzulängliche,
Hier wird's Ereignis,
Das Unbeschreibliche,
Hier ist's getan,
Das ewig Weibliche zieht uns hinan".

- Auch nicht einfach zu verstehen, seufzte Humboldt.

– „Das Unbeschreibliche, hier ist's getan" solle darauf hinweisen, dass die eigentlich unbegreifliche Erlösung eingetreten sei. „Das ewig Weibliche zieht uns hinan" solle zeigen, dass das durch die Himmelskönigin symbolisierte Ideal der Gemeinschaft und des Maßes die Menschen anziehe. Daher auch die blaue Farbe als Hintergrund, die ja bekanntlich sehnsüchtig stimme.

– Ein klarer blauer Himmel löse andere Gefühle aus als dunkle Wolken, darauf habe er ja schon in seinen „Ansichten der Natur" hingewiesen. Und die ersten beiden Verse? drängte Humboldt.

– „Das Unzulängliche, Hier wird's Ereignis" symbolisiere den unerträglich langen, fast hundertjährigen Weg, den Faust bis zu seiner Läuterung und Erlösung habe gehen müssen.

– Da werde er aber starken Gegenwind bekommen, die Kirche werde sich bestimmt ganz entschieden wehren.

– Ach die Kirche, winkte Goethe ab, -die wolle ja nur herrschen und fürchte die Aufklärung der Masse. Man müsse endlich vom Christentum des Wortes und des Glaubens zum Christentum der Gesinnung und der Tat kommen.

– Hoffentlich werde das nicht zu hart für ihn, wandte Humboldt ein.

– Eben darum spiele er mit dem Gedanken, den Faust II nicht mehr zu seinen Lebzeiten zu veröffentlichen.

– Wie denn die Aufführungen des Faust I bisher angekommen seien?

– Die Braunschweiger Inszenierung von August Klingemann sehr gut. Besonders, Faust, Mephisto und Gretchen seien immer wieder beim Applaus auf die Bühne gerufen worden, selbst Herzog Karl II. sei begeistert gewesen, freute sich der Dichter.

– Und die Weimarer Aufführung zu seinem achtzigsten Geburtstag im August 1829?

– Um die habe er sich ja selbst intensiv gekümmert, Goethe kam jetzt so richtig in Stimmung: -er habe zunächst einmal den ganzen Faust selbst vorgetragen, um die Vorstellung so zu bekommen, wie er sie sich vorstelle.

– Davon habe er gehört, das müsse ja ein hinreißender Vortrag gewesen sein. Er habe ja bis zu Fausts Verjüngung in der Hexenküche im Bass des älteren Mannes vorgetragen und sei dann in klangvollen Jünglingstenor gewechselt ---

- Er habe auch den Schauspieler La Roche in die Mephisto-Rolle intensiv eingearbeitet, freute sich Goethe, dem das Lob richtig gut tat.
- Und das Publikum?
- Habe erst ziemlich kühl reagiert, aber der Teufel habe sie dann eingeheizt, grinste der mit sich zufriedene Dichter. -Von einer Begegnung mit Bettina von Arnim müsse er ihm noch erzählen, die ihn mit zu der Reimhochzeit im Helena-Akt angeregt habe.
- Das sei doch eine seiner großen Verehrerinnen?
- Sei sie, bejahte Goethe stolz. -Bei einem ihrer Besuche habe sie ihm plötzlich vorgeworfen, er trinke viel zu viel Wein und das auch noch heimlich. Er sei in den letzten zwei Stunden sechs Mal ins Nebenzimmer gegangen und sie habe jeweils das Gluckern der Flasche gehört ---
- Und das habe er sich gefallen lassen?
- Im Gegenteil. Sie sei ein Schelm habe er gekontert und solle sehen, dass sie fortkomme. Bettina habe sich an der Türschwelle aber wieder theatralisch umgedreht, sich gekniet und die Schwelle ihres „großen Dichters und besten Freundes" geküsst. Da habe er sie natürlich trösten müssen. Bei so einer „Liebkosung mit schmeichelhaften Worten" sei sie ihm wieder gut, habe Bettina gestrahlt und das habe ihn dann zu dem Liebesdialog zwischen Faust und Helena mit seiner sinnlichen Sprechtechnik mit inspiriert.
- Dann könne man also Frauen mit Worten erobern, lachte Humboldt.
- Aber ja, das zeige der Liebesdialog zwischen Faust und Helena eindeutig: seine sinnliche Sprache mit ihren sich liebkosenden Versen sei doch ganz leicht zu lernen, überrede Faust die daran so interessierte Helena zu dem Sprachtraining:

Faust:
     „Das sei ganz leicht, es müsse nur von Herzen kommen. Und wenn die Sehnsucht überfließe, dann sehe man sich um und frage" ---
Helena:
     „wer mit genieße".
Faust:
     „Nun schaut der Geist nicht vorwärts, nicht zurück, die Gegenwart allein" ---
Helena:
     „ist unser Glück".
Faust:
     „Schatz ist sie, Hochgewinn, Besitz und Pfand; Bestätigung, wer gibt sie"?

Helena:
    „Meine Hand".

- Bezaubernd, Humboldt war sichtlich berührt. - Aber wie sei es bei Männern, seien die nicht mehr optisch orientiert?
- Könnte schon sein, nickte der stolze Dichter, -viele seien auf jeden Fall Augenmenschen, er übrigens auch.
- Das bringe ihn auf die Kunst, wechselte der Naturforscher das Thema.
- Eine hochspannende Materie. Die Maler seien die Götter der Erde, da könnten die Dichter nicht mithalten, griff Goethe den Faden begeistert auf. -Sie übermittelten innere Zustände viel unmittelbarer als Poeten, sie machten uns zu ihren Gesellen und ließen uns die Welt durch ihre Augen schauen.
- Ob er ein Beispiel habe?
- Claude Lorrain, den französischen Maler des Barock. Dessen Bilder hätten höchste Wahrheit, aber keine Spur von Wirklichkeit. Er habe die Welt genau gekannt, zeige aber mit seinen Bildern die Welt seiner Seele.
- Dann seien das weniger Augen- als Seelenlandschaften ---
- Richtig, unterbrach der in Schwung gekommene Goethe, -man könne diese Richtung auch als „Glaubensrealismus" beschreiben. Eine Verbindung des genau beobachtenden Malerauges mit dem Gefühl des Dichters, das keinesfalls zu der seit Jahrhunderten üblichen Idealisierung führen dürfe, etwa der Aussparung von Sturm und Regen in Landschaftsbildern oder der Einbettung von Pflanzen und Tieren in eine falsche Umgebung.
- Das treffe aber für viele Malschulen zu.
- Natürlich, viele hätten Schiefes im Kopf, würden mikroskopisch vorgehen und sich viel zu stark auf Einzelheiten konzentrieren.
- Einverstanden, er spreche ihm aus der Seele, stimmte Humboldt zu. -Es gehe um das Detail im Zusammenhang, die Maler müssten eine Mischung aus teleskopischer und mikroskopischer Methode entwickeln – übrigens wie die Naturforscher auch. Die Leute wollten die Beziehungen zwischen Pflanzen, Klima und Geografie „sehen", nicht nur die akribischen Details. Man dürfe das nicht den elenden Registratoren der Natur überlassen.

– Wie wahr. Aber zur Zeit werde viel zu oft nur wissenschaftliche Wahrheit verlangt. Der Botaniker zähle dem Blumenmaler die Staubfäden
nach und habe den Blick für die malerische Gruppierung in die Umwelt
und für die Beleuchtung verloren.
– Alles hänge eben mit allem zusammen und wenn ein Faden gezogen
werde, könne sich das Ganze auflösen, bekräftigte Humboldt. -Übrigens
stritten auch viele Reiseforscher mit ihren Zeichnern genau über diese
Frage. Das sei auch ein Hauptgrund für den Disput Georg Heinrich von
Langsdorffs mit dem begabten Johann Moritz Rugendas gewesen. Dem
habe er, Humboldt, sogar Routenvorschäge für Lateinamerika gemacht,
Listen mit abzubildenden Pflanzen mitgegeben und ihm sogar vorge-
schlagen, wo er genau auf einem Vulkan seinen Standort wählen solle,
um den besten Gesamteindruck zu haben. Das habe ja letztlich bei dem
detailversessenen Langsdorff zu Protest und zur Trennung von Rugendas geführt.

Goethe zuckte wie immer bei dem Namen Langsdorff, der ihn an seine
Probleme mit der Farbenlehre erinnerte und daher für ihn ein rotes Tuch
war, leicht zusammen und wechselte schnell das Thema:

– Die alten Griechen hätten ja nach ästhetischen Maßstäben den Mann
für schöner und vollendeter gehalten als die Frau. Das sei möglicher-
weise einer der Gründe für die Liebesbeziehungen zwischen Männern
gewesen --~~
– Die Knabenliebe sei doch so alt wie die Menschheit, konterte der leicht
verunsicherte Humboldt nervös, -sie liege doch damit in der Natur ---
– Das wisse er nicht so genau, sie sei doch eigentlich – übrigens ebenso
wie die Ehe – gegen die Natur, antwortete Goethe spitz. Schließlich hätten die thrakischen Frauen Orpheus wegen dessen Hinwendung zum
männlichen Geschlecht in Stücke gerissen, dachte er und freute sich,
dass er Humboldt seine eigene Irritierung durch dessen Erwähnung des
Forschungsreisenden Langsdorff heimzahlen konnte.

Goethe hatte seine Hauskapelle vor rund zwanzig Jahren gegründet. Jeden
Donnerstag kamen die Sänger und Musiker am Frauenplan zur Probe
mit anschließendem Abendessen zusammen. Ein Schwerpunkt lag auf
Gedichtvertonungen. Sonntags fand dann die Aufführung als Matinée in

den vorderen Räumen statt – mit einem frugalen Frühstück, schließlich gehörten Musik und Gastmahl für Goethe zusammen. Beide sollten das Leben erheitern. Humboldt ließ sich von der einsetzenden Musik nur einen Augenblick stören, dann fuhr er in seinem Vortrag über seine Abenteuer am Orinoco einfach fort und übertönte die Musik. Bei besonders schallenden Stellen hob er seine Stimme. Wie rücksichtslos das doch sei, dachte Goethe. Offenbar habe der Reiseforscher noch nie von dem Wagnis, das jede Vertonung dem Gedicht gegenüber darstelle, gehört. Wie schade, dass sie ihn jetzt nicht einfach mit konzertanter Musik von Beethoven mundtot machen könnten. Diese „vulkanischen" Klänge hätten ihn bestimmt zum Schweigen gebracht. Oder auch nicht, fiel ihm spontan ein, denn Beethoven wende sich ja mit seiner Musik, besonders mit den Symphonien, an den „citoyen", das hätte ja vielleicht zu gut zu Humboldts Ablehnung der Monarchien gepasst und ihn angefeuert.

Der letzte Brief Goethes an Wilhelm von Humboldt vom 17. März 1832
„Ist denn kein Mann mehr im Himmel? Wo bleibt Gott?"

Goethes Sterbeprozess hatte schon Wochen vor seinem letzten Schreiben an Humboldt begonnen. Sein beängstigendes Bruststechen trat immer wieder auf, verstärkte sich sogar und in seinen schlechten Nächten wechselten sich Schweiß treibende Hitzewellen mit Kälteschauern ab. Sein Unterleib war aufgedunsen und häufiges Aufstoßen erhöhte seinen Ekel vor Speisen. Am 17. März verlangte er mittags nur nach etwas Wein und Fisch und erfreute sich mehr an dem Porträt der Gräfin Vaudreuil von Heinrich Müller, dem Eisenacher Porträtmaler von Ruf. Wie hübsch, sagte er sich, der Maler Müller sei wirklich nicht umsonst in Italien gewesen, man müsse ihn loben, weil er nicht verdorben habe, was die Natur so schön geschaffen.

Das war die richtige Stimmung, um den schon länger anstehenden Brief an Wilhelm von Humboldt vorzubereiten und über dessen Fragen nach dem Talent und nach seiner Veröffentlichung des Faust II nachzudenken. Der alte und kränkliche Dichter rückte sich in seinem Lehnstuhl zurecht und schloss konzentriert die Augen:

Jedem Tun, jedem Talent lägen doch angeborene Anlagen zugrunde, überlegte er. Diese angeborene Individualität müsse man durch Ausbildung entwickeln. Ja, sein von ihm so gern gebrauchtes „Weber-Gleichnis von Zettel und Einschlag" zeige das doch treffend: die horizontal verlaufenden Schussfäden, der Einschlag, seien mit den senkrechten Kettenfäden, dem Zettel, eng verwoben. Genau so verhalte es sich mit dem Angeborenen und Gelernten bzw. mit dem Unbewussten und Bewussten. Das wolle er so für Humboldt diktieren.

Auch dass er sich darin mit Alexander ganz einig sei, im Gegensatz zu den heutigen Künstlern, die meist in dem Wahn lebten, alles aus sich selbst ausbilden zu können ohne die Hilfe von Meistern und die Grammatik ihres Faches.

Wie viele weitere Gemeinsamkeiten Alexander und er doch hätten, dachte Goethe zufrieden: Da sei einmal ihr faustisches Streben und ihre

Versuche der Welterklärung. Beides spiegele sich ja in seinen literarischen, aber auch naturwissenschaftlichen Arbeiten wie der Farben- und Tonlehre und in Humboldts bisher veröffentlichten Werken von der „Geografie der Pflanzen" (1807) mit ihrem epochemachenden Naturgemälde und den lyrischen Passagen über die „Ansichten der Natur" mit ihren kühnen Vergleichen (1808), die „Vues des Cordillères et Monuments" (1810–1813) mit ihrem Einsatz für die Gleichwertigkeit der Alten und Neuen Welt und sein „Kuba-Buch" (1826/27) mit seiner kompromisslosen Stellungnahme gegen Kolonialismus und Sklaverei bis zu seinem vielbändigen, aber noch nicht abgeschlossenen Jahrhundertwerk „Reise in die Äquinoctialgegenden des Neuen Kontinents" (1807ff), das wohl das größte private Reisewerk werden würde und das besonders durch die Einbeziehung der „Sichtweise der Besiegten" besteche und eine Epochenschwelle darstelle.

Völlig einig seien sie sich ja auch in ihrer Forderung nach ganzheitlicher internationaler Verknüpfung der Natur- und Kulturwissenschaften, in ihrem Zusammendenken und das im schroffen Gegensatz zu den herkömmlichen schmallippigen Professoren, die ihre enge Disziplin zu kurzsichtig weiterführten und kaum Neues – und das auch nur sehr vereinzelt – akzeptierten. Das sei lange noch nicht alles. Sie seien beide gegen die anthropozentrische Weltsicht, der Mensch sei eben nicht das Maß aller Dinge und gegen den von ihm verursachten Klimawandel. Und sie träumten beide von dem Bau des Panamakanals, der den Atlantik mit dem Pazifik verbinden solle.

Goethe suchte sich eine bequemere Stellung in seinem Lehnstuhl: Gegensätze gebe es natürlich auch, besonders bei dem Streit zwischen Neptunisten und Vulkanisten, Goethe begann leicht zu frösteln. Kein Wunder, dachte er, schließlich sei er ja dezidiert gegen die Feuerberge. Und ja, über seine Farbenlehre spreche er auch lieber nicht mit Alexander. Aber sonst, weitere Differenzen? Beim Musikverständnis, vielleicht. Aber das sei bei ihm ja auch nicht besonders entwickelt. Oder bei Humboldt's revolutionären Tendenzen? Gut, er sei da zurückhaltender, überzeugt, dass alles Voreilige schade und man die Mittelstufen nicht überspringen solle. Aber Humboldt sei ja auch kein Revoluzzer und gehe im Gegensatz zu der wirren Mehrheit nicht sprunghaft vor.

Ob er das auch in seinem Brief andeuten solle? Er sei sich nicht sicher. Aber zur Faust-Publikation, darüber sei er sich eigentlich im Klaren.

Er bat um ein Glas Wein und nahm einen langen Schluck: Faust habe ihn ja nun seit rund sechzig Jahren begleitet. Die Konzeption sei früh deutlich geworden, die ganze Reihenfolge habe aber weniger ausführlich vorgelegen. Da er immer nur an den Stellen gearbeitet habe, die ihn gerade thematisch interessierten, seien besonders im zweiten Teil Lücken geblieben. Die habe er aber nun zufriedenstellend geschlossen. Das sei nicht der Grund, auf die Veröffentlichung von Faust II zu seinen Lebzeiten zu verzichten, so gern er die eigentlich hätte. Nein, Faust passe einfach nicht in diese wirren und konfusen Zeiten. Er höre schon die hysterischen Aufschreie der Kritiker: „Treuebruch, Mord und vor allem: wo bleibt Gott? Ist denn kein Mann mehr im Himmel"? Da würde sein Faust wie ein gestrandetes Wrack von den Sandmassen der Dünen überschüttet.

Goethe öffnete seine Augen und rief nach seinem Schreiber.

Goethes letzte Stunden am 22. März 1832
„Mehr Licht"

Fünf Tage nach seinem Brief an Wilhelm von Humboldt wachte Goethe sehr geschwächt auf. Der nächtliche katarrhalisch-rheumatische Anfall und die folternden Brustschmerzen hatten aufgehört, aber das leichte Fieber war noch nicht zurückgegangen. Er ließ sich im Schlafrock in seinen geliebten Armstuhl setzen, mit einer leichten Decke über den Knien und warmen Filzschuhen an den Füßen. Seine Augen hielt er geschlossen. Wie viel das Alter doch den Menschen nehme, grübelte er und doch müsse man höher schätzen, was es uns noch lasse. Mit Behagen dachte er wieder an das so gelungene Porträt der Frau von Vaudreuil. Er richtete sich auf, verlangte ein Glas mit Wein und Wasser und trank es in drei Zügen aus. Sein Kopist John und Diener Friedrich halfen ihm dann, sich hochzuziehen. Schwankend ließ er sich schnell wieder in den Sessel sinken, ergriff die Hand seiner Schwiegertochter Ottilie und hing seinen Gedanken nach. Der Tod trete doch immer als etwas Unglaubliches und Unerwartetes ein, gerade bei Frühlingsbeginn, der ja Leben und Erholung verheiße. Wie lange er nun schon Schiller vermisse und wie schön das gemeinsame Gedenken mit Wilhelm von Humboldt vor seinem Haupt auf blauem Kissen gewesen sei.

Gegen 10.00 morgens bat er um eine weitere Weinschorle. Dann bestellte er sein Mittagessen und das Lieblingsgericht seines Leibmedicus Hofrat Vogel für den kommenden Samstag. Nach einem erneuten vergeblichen Versuch, sich aufzurichten, ließ er sich in sein Fauteuil fallen und verlor sich wieder in seinen Gedanken.

-„Mehr Licht", rief er Friedrich plötzlich zu, -„mach doch die Fensterladen auf"!

Dann schlummerte er leicht ein und begann nach einiger Zeit, mit dem Mittelfinger seiner rechten Hand einige Sätze in die Luft zu schreiben, Zeilen, die er dann schwächer werdend auf der Decke, die seine Oberschenkel bedeckte, wiederholte. Der Anfangsbuchstabe war ein großes „W", das entzifferten auch die Anwesenden, mehr aber nicht. Sie verstünden ihn nicht, bäumte sich der sterbende Goethe innerlich auf, Wirklichkeit – da war das große „W" – werde doch gerade sein Tod, diese Unmöglichkeit, dieser Übergang aus der bekannten Existenz in eine andere, von der man gar nichts, aber auch gar nichts wisse. Das sei die Grenze, an der viele verzweifelten. Auch die Naturforscher fragten ja immer drängender, was hinter dem Urtyp stehe, aus dem sich allmählich Tiere und Menschen entwickelt hätten. Die Urform habe er ja treffend die „innere Kraft" genannt, aus der sich durch die Umwelt, die „äußere Kraft", die einzelnen Organismen individuell entwickelten. Der Seehund sei ein gutes Beispiel, der sich dem Meer angepasst habe, dessen Skelett aber dem Muster der Landsäugetiere folge. Er sei ja auch öfter mit schlenkernden Armen gegangen, weil er das in Anlehnung an die Vierbeiner als naturgemäßer empfunden habe: Menschen und Tiere stammten eben von einem gemeinsamen Vorfahren ab, auch wenn die Weimarer Gesellschaft das nicht wahrhaben wolle.

Die Natur sei eine Orgel, auf der der Herrgott spiele und der Teufel die Bälge dazu trete, das habe er ja mal seinem Freund Jacobi gegenüber so beschrieben. Das Gute sei eben die „Fleur du Mal", Gut und Schlecht gehörten wie die zwei Seiten einer Medaille zusammen. Jetzt im Sterben könne er nur wünschen, dass der Teufel wirklich immer das Orgelspiel als erster abbreche, dass also das Gute über das Schlechte triumphiere. Übrigens wie bei seinem Faust, bei dem ja auch mit seiner Hinwendung zur Gemeinschaft das Gute eindeutig überwiege. Das habe er ja nicht nur mit dessen Erlösung unterstrichen, sondern bereits im „Prolog im Himmel" angedeutet: der Herr stimme ja nur deshalb der Wette mit Mephisto zu, der Faust von seinem Weg abbringen und mit weltlichen Genüssen zufrieden machen wolle, um das Gegenteil zu beweisen, um zu zeigen, dass Faust sich nicht von seinem Pfad abhalten lasse.

„Am Ende des Lebens gehen dem gefassten Geiste Gedanken auf, bisher undenkbare, sie sind wie selige Dämonen, die sich auf dem Gipfel der Vergangenheit glänzend niederlassen". Wie recht diese alte Maxime von ihm habe, das bewiesen ja gerade seine wohl letzten Gedankengänge.

Goethe lehnte sich tiefer in den Lehnstuhl zurück. Schwächer werdend nickte er wieder ein. Er atmete immer schwerer und starb um halb zwölf in seinem Armsessel.

„Aufgefahren gen Himmel, die Welt ist leer...", dichtete seine lebenslange Bewunderin Bettina von Arnim und Friedrich Rückert schrieb:

„Als er abtrat vom Streite
War das letzte Wort, das quoll
Aus der Brust erhobenen Weite: ‚Mehr Licht‘!
Nun, o Vorhang roll
Auf, dass er hinüberschreite,
Wo mehr Licht ihm werden soll!“

Heinrich Heine hatte schon 1831 prophezeit, dass die Kunstperiode, die mit
Goethes Geburt begonnen habe, bei seinem Tod enden werde.

Alexander von Humboldts letzter Tag am 6. Mai 1859
„*Sonnenstrahlen rufen zum Himmel*"

„Wie herrlich diese Strahlen, sie scheinen die Erde zum Himmel zu rufen", lauteten exakt die letzten Worte Humboldts, die ihn sofort an Goethes „Mehr Licht" erinnerten. Wie kurios, dachte der schwache Naturforscher in seinem Krankenbett in der Berliner Oranienburgerstraße, das er bereits seit rund zwei Wochen nicht verlassen konnte, dass er so wie Goethe im Endstadium seines Lebens gen Himmel schaue. Sie seien doch schließlich beide nicht gläubig gewesen, in kirchlichem Sinn sowieso nicht, er vielleicht noch weniger als Goethe, der ja immerhin seinen Faust über die Himmelsleiter zu der „Mater Gloriosa" geschickt habe. Sie hätten ja eigentlich oft Hand in Hand an der Grenze des Begreifbaren gestanden. Immer wieder bei der Frage nach dem Grundmodell, das der Entwicklung der Lebewesen und Pflanzen zugrunde liege, die ja ganz stark von der Umwelt terminiert würden. Aber was liege dahinter? Sei der Himmel tatsächlich leer? Er erinnerte sich noch genau an Goethes treffende Worte dazu: was die Menschen denn wüssten und wie weit sie damit reichten? Eine rhetorische Frage natürlich, denn er sei dann fortgefahren: der Mensch sei nicht geboren, die Probleme der Welt zu lösen, er müsse sich an seine Grenzen halten. Das Universum zu messen und zu erklären, dazu reichten die Fähigkeiten des Menschen einfach nicht aus. In das Weltall Vernunft bringen zu wollen, sei bei den menschlichen Voraussetzungen ein vergebliches Bestreben. Das erkläre vielleicht ein Stück weit, dass Goethe eine Zeit lang dem Astronomen Franz Paul von Gruithuisen auf den Leim gegangen sei und an dessen Menschen im Mond geglaubt habe, bis er diese „Entdeckungen" als Mondphantasien abgetan habe, lächelte der kranke Forscher.

Ob jemals dieser gordische Knoten, was hinter der Mutter Natur stehe, aufgelöst werden könne? Wohl nicht, auch da habe Goethe recht, daran sei ja schon sein Faust gescheitert. Dessen Himmelfahrt sei natürlich nur metaphorisch zu verstehen. Wenn überhaupt, könne ja wohl nur dessen späte Hinwendung zum Mitmenschen und zur sinnstiftenden Arbeit für diese Gemeinschaft den „Himmel" bedeuten.

Den repräsentierten für ihn seine Bücher, in denen seine Erkenntnisse weiterlebten. Das sei seine „Auferstehung".

Humboldt schloss die Augen und überließ sich ganz seinen Gedanken. Wie merkwürdig es doch sei, dass er auf seinen letzten Metern, sozusagen auf der Strecke zwischen fast tot und tot, wie Goethe noch einmal einen „Licht"- bzw „Durchblick" habe. Den wolle er jetzt ganz genießen:

Wie gerne würde er noch einmal das Gespräch mit Goethe aufnehmen, gerade über ihre Unterschiede. „Hier oder nirgends ist Amerika", lasse Goethe seinen Lothario nach dessen Rückkehr in die Alte Welt in den „Lehrjahren" sagen. Und das sei ja das Lebensprinzip Goethes gewesen, übrigens auch seines Bruders Wilhelm, während er schon immer Abenteurer und geborener Reiseforscher gewesen sei. Das sei doch ein Thema! Eine andere Kontroverse zwischen ihnen sei die Monarchie mit ihren Standesunterschieden. Er werde ja nicht ohne Grund im restaurativen Berlin als „roter Baron" verunglimpft, obwohl er doch nur für das Parlament und Konsens eintrete und dezidiert gegen Blut und Gewalt sei. Aber da sei der Weimarer Poet doch konservativer. Der hätte sich bestimmt nicht so wie er an die Spitze des Trauerzuges für die Toten der 48er Revolution gesetzt.

Die menschengemachten Umwelt- und Klimaschäden scheine Goethe auch nicht ganz ernst zu nehmen, jedenfalls lege das sein Gedicht zur Begrüßung des Amerika-Heimkehrers Prinz Bernhard Ende Juli 1826 nahe:

„Da summt es wie ein Bienenschwarm,
Man baut, man trägt herein,
Des Morgens war es leer und arm,
Um Abends reich zu sein.
Geregelt wird der Flüsse Lauf
Durch kaum bewohntes Land,
Der Felsen steigt zur Wohnung auf
Als Garten blüht's im Sand".

Das erinnere ja nicht nur an Fausts Landgewinnungsprogramm am Ende seines langen Lebens, das mit dessen Erlösung gekrönt und damit positiv gesehen werde, sondern weise eigentlich daraufhin, dass Goethe zumindest bei der Abfassung seines Gedichtes nicht an die Gefahren der anthropozentrischen Weltsicht gedacht habe. Aber da sei ja noch ein viel dickerer Brocken, den sie nie so richtig zusammen ausdiskutiert hätten: den Streit der Neptunisten und Vulkanisten. Die einmalige Chance, das durch vulkanischen

Ausbruch verursachte plötzliche Auftauchen der Insel „Nerita" sechzig Kilometer südwestlich von Sizilien zu nutzen und dieses Gespräch zu führen, hätten sie ja verstreichen lassen. Damals im Juli 1831 sei Goethe sicher schon zu kränklich gewesen. Dabei habe er, Humboldt, den deutschen Vulkanologen Friedrich Hoffmann, vor dessen Augen sich alles abgespielt habe, gut gekannt und bereits 1823 bei dessen Habilitation unterstützt.

Ein mehr als guter Aufhänger hätte auch Goethes im Jahre 1827 geschriebenes Gedicht über Amerika sein können, fuhr Humboldt in seinen Gedanken fort:

„Amerika, du hast es besser
Als unser Kontinent, der alte,
Hast keine verfallenen Schlösser
Und keine Basalte.
Dich stört nicht im Innern,
Zu lebendiger Zeit, unnützes Erinnern
Und vergeblicher Streit".

Eine eindeutige Stellungnahme gegen die Basalte und damit den Vulkanismus, gegen die Alte und für die Neue Welt. Eine Steilvorlage für eine entsprechende Unterhaltung mit ihm. Aber dafür sei es nun zu spät, wie für so vieles, leider.

Humboldt ließ sich weiter von seinen Gedanken treiben: Goethe und Carl August seien ja bei den Gratulationen zu dem fünfzigjährigen Regierungsjubiläum des Herzogs im September 1825 so gerührt gewesen, dass sie sich geschworen hätten, bis zum letzten Hauch zusammenzubleiben – trotz diverser Differenzen. Das habe auch unverbrüchlich für ihn und Goethe sowie für ihn und seinen Bruder Wilhelm gegolten. „Ziemlich beste Freunde", die seien sie doch immer gewesen. Das sei ja auch kein Wunder, wenn man an die Kirchenblätter denke, die ihn nach Erscheinen seines „blasphemischen" Kosmos beschuldigt hätten, mit dem Teufel im Bunde zu stehen. Ein Teufelspakt als Gemeinsamkeit und was für eine, die er mit Goethe habe und die auch ihre Nähe mit erkläre.

In den folgenden Stunden verschlechterte sich Humboldts Gesundheitszustand immer mehr. Angekündigt hatte sich seine zunehmende Schwäche bereits einige Wochen vorher mit seiner Zeitungsannonce über den Druck, den die vielen täglich bei ihm eintreffenden Briefe auf ihn ausübten:

er könne einfach nicht mehr darauf antworten, er brauche Ruhe, sein rechter Arm schmerze schon beim Schreiben wie „eine Art Zahnweh". Seinen Humor verlor er damals nicht. Zu einem Reiseschriftsteller bemerkte er beispielsweise sarkastisch:

– Er sei ja weitgereist und habe viele Ruinen gesehen. Jetzt sehe er noch eine mehr. Er nahm einen tiefen Schluck aus seinem morgendlichen Glas Burgunder und feixte: -der Wein sei die „Milch der Greise". Ob er ihm trotzdem nachschenken dürfe?

Und seinen Schlaganfall, der zeitweise seine linke Seite leicht lähmte, kommentierte er trocken:

– Er sei jetzt so rechts, dass selbst die Konservativen mit ihm zufrieden seien.

Am 6. Mai gegen halb drei Uhr nachmittags trat sein Ende ein.

Wenige Tage später wurde sein Sarg über die Friedrichstraße und die Straße Unter den Linden zu einem Trauergottesdienst und großen Staatsakt in den Dom getragen. Die Beisetzung fand am 11. Mai 1859 im Park von Tegel neben seinem Bruder und seiner Schwägerin Caroline statt.

Literaturangaben und Lesetipps

Gerade weil die „Beinahe besten Freunde" nach Goethes Terminologie ein „Halbroman" sind, möchte ich Ihnen noch einige Literaturtipps geben, vor allem zu den eigenen Reisebüchern von Humboldt und Goethe, die Sie an die „realen Wurzeln" führen. Anschließend mache ich auch auf wichtige Sekundärliteratur aufmerksam.

Humboldts Reisewerke wurden und werden viel genannt und stark gelobt, aber trotzdem wenig gelesen. Das lag bei seinem großen **Lateinamerikabericht**[1], der zwischen 1807 und 1838 in Paris in dreißig Bänden erschien, sicher daran, dass er zu teuer war. Selbst der preußische König kaufte sich nicht alle Bände für seine Privatbibliothek und Humboldt besaß auch nicht alle. Und der zweite Grund: Humboldt schrieb die Bücher in der Wissenschaftsmetropole Paris auf Französisch. Ihm wird noch heute bescheinigt, ein eleganter französischer Schriftsteller zu sein. Die späteren Übersetzungen ins Deutsche haben gravierende inhaltliche Mängel, löschen häufig die wissenschaftlichen Diskurse und sind stilistisch schlecht. „Leider, leider"! fasste Humboldt die Situation selbst zusammen: „Meine Bücher stiften nicht den Nutzen, der mir vorgeschwebt hat, als ich an ihre Bearbeitung und Herausgabe ging". Das ist mehr als schade, weil das lateinamerikanische Reisewerk mit seinem Kampf gegen die Inferioritätsthese dieses Kontinents, den die damalige Wissenschaft vertrat, einen Epochenbruch darstellt.

Nein, einen Schnellkurs über ihre Reisen haben weder Humboldt noch Goethe vorgelegt. Das war ja auch meine Motivation, dieses Buch als biografischen Roman zu schreiben, der richtig informieren und gleichzeitig unterhalten will. Etwa so wie Daniel Kehlmann in seiner **Vermessung der Welt**[2] oder wie Goethe in **Dichtung und Wahrheit**[3], nur liegt bei mir

---

1 Humboldt, Alexander, Reise in die Äquinoctialgegenden des Neuen Continents 1799–1804. Rekonstruiert und kommentiert von Hanno Beck, Wiesbaden 8/2018.
2 Kehlmann, Daniel, Die Vermessung der Welt, Reinbek bei Hamburg 5/2005
3 Goethe, Johann Wolfgang von, Aus meinem Leben, Dichtung und Wahrheit, Berlin 2010

der Akzent noch stärker auf der „Wahrheit". Da sind aber noch weitere
Anstöße, die mich dazu bewegt haben: meine Wiederholung der großen
Brasilien-Expedition Georg Heinrich von Langsdorffs, des Humboldts Brasiliens, der diesen Kontinent zwischen 1822 und 1829 bereist hat[4]. Bei
meinem „Remake" waren wie bei Langsdorff Künstler dabei, die Ihre Eindrücke in Zeichnungen und Installationen festgehalten haben. Die anschlie-
ßende Ausstellung, die über die Kunstwerke das Brasilien des beginnenden
19. Jahrhunderts mit dem Brasilien des ausgehenden zwanzigsten verglich,
wurde von dem damaligen Bundespräsidenten Roman Herzog in Sao Paulo
1995 eröffnet. Mut zu dieser Publikation hat mir dann auch mein Buch über
Goethes Gedankenreisen nach Lateinamerika und in die Südsee gemacht[5].
     Womit also bei Humboldt anfangen? Vielleicht mit seinen **Ideen zu einer
Geografie der Pflanzen (1807)**[6], die zu dem amerikanischen Reisewerk gehö-
ren und sein Lieblingsbuch waren. Zusammen mit seiner Widmung an Goethe hat das Buch den Weimarer Dichter so begeistert, dass er Humboldt gern
in die unentdeckten Gegenden Lateinamerikas gefolgt wäre und sogar dazu
eine Zeichnung angefertigt hat, da in seiner Ausgabe das „Naturgemälde"
Humboldts, ein Querschnitt des Vulkans Chimborazo mit Eintragung der
Vegetationszonen vom Tal bis zur Schneegrenze, nur angekündigt war.
     Gut möglich ist auch der Einstieg mit Humboldts **Ansichten der Natur**
(1808)[7], ein Buch, das in seinem Vorwort die Leser einlädt, ihm in das
„Dickicht der Wälder, durch die unabsehbare Steppe und auf den hohen
Rücken der Andenkette zu folgen". Ein Werk mit eindeutig therapeutischer
Funktion: es will den Leser in eine Seelenreise versetzen und ihn aus der
damaligen bedrängten politischen Lage Europas befreien. Allerdings handelt
es sich nicht um den damals ersehnten Reisebericht, sondern um einzelne

---

4 Strauss, Dieter, Der Grüne Baron, Georg Heinrich von Langsdorff, der Humboldt
   Brasiliens und seine Expedition von Rio de Janeiro zum Amazonas 1822–1829,
   Frankfurt am Main 2012

5 Strauss, Dieter, Goethes Wanderjahre in Lateinamerika und der Südsee, Frankfurt
   am Main 2014

6 Humboldt, Alexander, Ideen zu einer Geografie der Pflanzen 1807. Nachdruck
   des Originals von 1807 durch den Hochschulverlag 2009

7 Humboldt, Alexander, Ansichten der Natur, Berlin 1808. Die Hamburger Ausgabe des Nikol Verlags von 2019 ist preisgünstig, lässt aber Humboldts lange
   „Erläuterungen und Zusätze" weg

Essays. Bestechend sind Humboldts kühne Vergleiche verschiedener Erd-
teile, mit denen er überraschende Denkverbindungen herstellt und den Leser
aktiviert: so vergleicht er die Größenverhältnisse des Orinoco, Amazonas
und La Plata-Stroms, das Mündungsdelta des Orinoco mit dem Nil oder die
Katarakte von Maipures mit dem Niagara-Fall. Ein Bild-in-Bild-Verfahren,
Blitzlichtaufnahmen, die uns zwischen die Welten katapultieren und häufig
mit ihrem Verfremdungseffekt den Außenblick auf das Eigene ermöglichen.
Humboldt wendet sich in seinem Buch entschieden gegen die Kolonialaus-
beutung mit ihren unerträglichen Arbeitsbedingungen in Landwirtschaft
und Bergbau und beschreibt die Vulkane der Andenkette: der Schritt zum
überzeugten Vulkanisten wird hier vollzogen.

Die **Vues des Cordillères (1810–1813)**[8] folgen keiner chronologischen, itine-
rarischen oder thematischen Anordnung. Humboldt springt ständig zwischen
Orten, Phasen und Phänomenen seiner Reise hin und her und perfektioniert
sein raum-zeitliches Überlagerungsverfahren, das an verschiedenen Orten zu
verschiedenen Zeiten beobachtete Gegenstände gegenüberstellt. Der aktive
Leser ist hier gefragt! Interessant auch seine Einführung der „Sichtweise der
Besiegten": die Welt wird nicht nur aus der Perspektive der Einflussreichen
und Wohlhabenden beschrieben, sondern auch aus dem Blickwinkel armer
Leute. Er wendet sich dezidiert gegen europäische Gesetze, die die Sklaverei
der Schwarzen billigen.

Sein **Asie Centrale (1844)**[9] ist kein eigentlicher Reisebericht über seine Ruß-
landreise im Jahre 1829. Es geht Humboldt vor allem um seine Jahrzehnte lang
ersehnten Vergleiche zwischen Asien und Lateinamerika wie der uralischen
Steppen mit den Savannen am niederen Orinoco. Beide Reisen sind also oft
gleichzeitig präsent und das videocliphafte kombinatorische Verfahren kata-
pultiert uns zwischen die Welten. Émil Zolas „J'accuse" klingt bereits mit
Humboldts Verurteilung der Abholzung und Eingriffe in die Wasserverteilung
und der damit verbundenen Klimaveränderung an.

---

8 Humboldt, Alexander Pittoreske Ansichten der Cordilleren und der Monumente
   amerikanischer Völker, Tübingen 1810, Verlag Forgotten Books 2018
9 Humboldt, Alexander, Die Russland-Expedition, von der Newa bis zum Altai,
   hg. v. Oliver Lubrich, München 2019

Den Plan zu seinen **Kosmos-Bänden**[10] hält Humboldt im Oktober 1835 für eine großartige Idee, sicher ohne ganz zu ahnen, dass ihn diese Mammut-Aufgabe bis an sein Lebensende beschäftigen sollte. Der erste Band führt aus den Tiefen des Weltraums über die Gestalt der Erde bis zum Menschen und wird den Buchhändlern aus den Händen gerissen, selbst Prinz Albrecht, der Ehemann Königin Viktorias, verschlingt ihn. Der zweite beschäftigt sich mit der Geschichte der Menschheit, übrigens auch mit den Forschungsreisen. Die letzten drei Bände richten sich eher an ein Fachpublikum.

Goethes Reisen in die Neue Welt haben sich nur in seinem Kopf abgespielt. Seine eigenen Reisen führen ihn in die Schweiz, nach Italien und Frankreich und natürlich in deutsche Städte wie z.B. Leipzig, Wetzlar, Mainz und Düsseldorf oder in die böhmischen Bäder.

Die **erste Schweizer Reise 1775**[11] ist eine „Geniereise" in Zeiten des Sturm und Drang und der Werther-Empfindsamkeit, die Goethe zusammen mit den Brüdern Christian und Friedrich Leopold Grafen zu Stollberg durchführte. Erhalten sind nur fragmentarische Notizen und eine Reihe seiner Zeichnungen, die Grundlage für Goethes Schilderung in dem vierten Teil von „Dichtung und Wahrheit". Die **zweite Reise 1779** dient der Bildung des acht Jahre jüngeren Herzogs Carl August. Hier spricht der klassische Goethe. Die vielen Briefe an Frau von Stein bilden die Basis für die Ausarbeitung. Goethe fährt **1797 zum dritten Mal in die Schweiz**, weil der Weg nach Italien durch Kriegsereignisse in der Lombardei versperrt ist. Er bringt vielfältige Materialien mit zurück, wie Tagebuchaufzeichnungen, Briefe, kleine Abhandlungen, Theaterzettel oder Zeitungen. Sein Blick ist analytisch-beobachtend. Zentrum bei allen drei Reisen ist Zürich, der Rheinfall und der Gotthard: wie Alexander von Humboldt will Goethe die Welt von oben erleben und sucht wie dieser große Naturerlebnisse, um deren Gesetze durch direkte Beobachtung zu ergründen. Ganz im Gegenteil zu seinem Faust, der sich dafür auf seinen Teufelspakt, auf Geisterbeschwörung und alchemistische Experimente stützt.

---

10 Humboldt, Alexander, Kosmos, Entwurf einer physischen Weltbeschreibung. Nachwort von Oliver Lubrich und Ottmar Ette, Verlag AB – Die Andere Bibliothek 2014

11 Goethe, Johann Wolfgang von, Schweizer Reisen, München 1962, dtv 28

Goethes **Italienische Reise**[12] folgt dem vorausgestellten Motto „Auch in Arkadien" und stilisiert die zugrunde liegenden Tagebuchaufzeichnungen stark. Das Buch wendet sich in den ersten Teilen an keine bestimmten Leser, später richtet es sich an Freunde und schließlich an konkrete Personen. Die Route führt von Regensburg über München, den Brenner und Gardasee, Venedig, Bologna nach Rom, wo er rund vier Monate bleibt. Danach geht es nach Neapel und Pompeji, weiter nach Sizilien und zurück nach Rom. Hier bleibt Goethe noch fast ein Jahr. Der Fokus liegt besonders auf naturwissenschaftlichen Beschreibungen, in Palermo sucht Goethe die „Urpflanze", und auf kulturellen Themen, besonders auf der Antike. Goethe steht der italienischen Mentalität und Lebensweise positiv gegenüber. Für ihn ist die Idyll- und Arkadenliteratur Wirklichkeit geworden.

Die **Campagne in Frankreich 1792**[13] beschreibt seine Erinnerungen an den Feldzug deutscher und österreichischer Monarchen gegen das jakobinische Frankreich und den verlustreichen Rückzug nach der Kanonade von Valmy. Interessant, dass er als Hofbeamter die Meinungen deutscher Demokraten zu den Jakobinern, die er im Rheinland hört, unerwähnt lässt.

Seine Autobiografie **Aus meinem Leben. Dichtung und Wahrheit**[14] erscheint in vier Bänden zwischen 1811 und 1833 und zeichnet seine Erlebnisse von seiner Geburt bis zu seiner Übersiedlung nach Weimar 1775 auf. Obwohl er das Buch in Briefen und in der Einleitung als Märchen bezeichnet, wird es besonders im 19. Jahrhundert als historisches Werk gelesen. Aber wie der Untertitel schon sagt, es geht um tatsächliche Geschehnisse und fiktionale Elemente. Die erste Schweizer-Reise wird im vierten Band beschrieben.

Bei der **Sekundärliteratur** steht seit 2015 **Alexander von Humboldt und die Erfindung der Natur**[15] von Andrea Wulf im Vordergrund der Feuilletons. Dem Buch ist ein Goethe-Zitat über die Natur vorausgestellt, das zeigt, dass

12 Goethe, Johann Wolfgang von, Italienische Reise 1786–1788, Fischer Taschenbuch 2017
13 Goethe, Johann Wolfgang von, Campagne in Frankreich, hg.v. Karl-Maria Guth, Berlin 2016
14 Goethe, Johann Wolfgang von, Aus meinem Leben, Dichtung und Wahrheit, Berlin 2010
15 Wulf, Andrea, Alexander von Humboldt und die Erfindung der Natur, München 2/2018

die Natur zu uns spricht, wir müssen nur zuhören. Eine Vorstellung, der Goethe und Humboldt zeitlebens folgen. Wulf beschreibt dann lebendig Humboldts Leben von seiner Jugend über die Lateinamerikareise bis zu seiner Rückkehr nach Paris und Berlin. In die letzte Berliner Phase fällt die Russlandreise und das Treffen mit Charles Darwin. Weniger interessant sind dann die Abschnitte über Humboldt und Henry David Thoreau, George Perkins Marsch und John Muir.

Eine herausragende Biografie **Alexander von Humboldt und die Globalisierung**[16] stammt von dem renommierten Humboldtforscher Otmar Ette, für den ich in Santiago de Chile Vorträge zu Humboldt organisieren durfte. Ette hebt Humboldts Bedeutung als Vordenker der Globalisierung hervor und erarbeitet die Entstehung seines Denkens aus dem historischen und wissenschaftlichen Kontext. In seinem Buch finden sich zahlreiche weitere Lektürehinweise zu Humboldt.

Lesenswert auch **Die Brüder Humboldt** von Manfred Geier[17]. Die Doppelbiografie schildert das Wirken der grundverschiedenen Brüder, des Philosophen und Sprachforschers Wilhelm und des Naturforschers und Weltreisenden Alexander, die im Alter jedoch wieder ganz zusammenfinden.

Für **Goethes Gedankenreisen in die Neue Welt** empfehle ich das Kapitel „Jenseits des Meeres" in den **Essays um Goethe**[18] von Ernst Beutler. Hier geht es vor allem um die Wechselbeziehung zwischen Goethe und Amerika. Anregend auch **Goethes Wanderjahre in Lateinamerika und der Südsee**[19]. Das Buch beschreibt Goethes Kontakte zu den berühmten Reiseforschern Lateinamerikas wie Georg Forster, Alexander von Humboldt, John Mawe, Wilhelm von Eschwege, Prinz Maximilian Wied zu Neuwied, Spix und Martius und zu den Teilnehmern der österreichischen Brasilien-Expedition um Christian Mikan und Johann Natterer. Verbindungen, die Goethes Traumreisen anregen. Das Buch schildert auch sein Lateinamerika-Bild, den Einfluss dieses Kontinents auf sein literarisches Werk und beobachtet, wie der „Reisende" Goethe zur literarischen Figur in Romanen seiner

16 Ette, Ottmar, Alexander von Humboldt und die Globalisierung. Das Mobile des Wissens, Suhrkamp Verlag 2019
17 Geier, Manfred, Die Brüder Humboldt, Reinbeck bei Hamburg 2009
18 Beutler, Ernst, Essays um Goethe, Frankfurt am Main 1995
19 Vgl. Fussnote V

Schriftsteller-Kollegen wird. Als Hintergrund-Information lohnt auch ein Blick in den „Grünen Baron"[20], das die große Brasilienexpedition Georg Heinrich von Langsdorffs zwischen 1822 und 1829 beschreibt.

Zu Goethe sollte man auch die Biografie **Kunstwerk des Lebens** von Rüdiger Safranski[21] nicht vergessen. Hier wird der Weg vom dauerverliebten „Stürmer und Dränger" zum Bestseller-Autor und Minister sehr lebendig. Aufschlussreich auch **Goethes Gespräche mit Eckermann**[22], in denen er auch über Reisen spricht, selbst über die Südsee.

---

20 Vgl Fussnote IV
21 Safranski, Rüdiger, Kunstwerk des Lebens, München 2013
22 Bergemann, Fritz (Hg.), Eckermann: Gespräche mit Goethe am Ende seines Lebens, Berlin 11/1981

Abbildungsverzeichnis

Umschlagabbildungen

Johann Wolfgang von Goethe, Öl auf Leinwand von Joseph Karl Stieler, 1828. Quelle: © bpk / Bayerische Staatsgemäldesammlungen, Sammlung Neue Pinakothek
Joseph Karl Stieler, Alexander von Humboldt, 1843. Quelle: Stiftung Preußische Schlösser und Gärten Berlin/Brandenburg/Bildarchiv GKI 4060, Fotoinventar. F0014394, Fotograf Gerhard Murza

Abbildungen im Buchtext

www.ingramcontent.com/pod-product-compliance
Lightning Source LLC
Chambersburg PA
CBHW030458100426
42813CB00002B/259